M000291323

DISTINTOS
POR DISEÑO

Libros de John MacArthur publicados por Portavoz

¿A quién pertenece el dinero?

El asesinato de Jesús

Avergonzados del evangelio

La batalla por el comienzo

Cómo obtener lo máximo de la Palabra de Dios

Cómo ser padres cristianos exitosos

El corazón de la Biblia

La deidad de Cristo

Distintos por diseño

La gloria del cielo

Jesús: preguntas y respuestas

La libertad y el poder del perdón

Llaves del crecimiento espiritual

Nada más que la verdad

Nuestro extraordinario Dios

El Pastor silencioso

Piense conforme a la Biblia

Los pilares del carácter cristiano

El plan del Señor para la Iglesia

El poder de la integridad

El poder de la Palabra y cómo estudiarla

El poder del sufrimiento

¿Por qué un único camino?

Porque el tiempo sí está cerca

Salvos sin lugar a dudas

Sé el papá que tus hijos necesitan

La segunda venida

Teología sistemática

El único camino a la felicidad

Comentario MacArthur del Nuevo Testamento

Mateo

Marcos

Lucas

Juan

Hechos

Romanos

1 y 2 Corintios

Gálatas, Efesios

Filipenses, Colosenses y Filemón

1 y 2 Tesalonicenses, 1 y 2 Timoteo, Tito

Hebreos y Santiago

1 y 2 Pedro, 1, 2 y 3 Juan, Judas

Apocalipsis

DISTINTOS POR DISEÑO

Cómo descubrir
la voluntad de Dios
para el hombre
y la mujer

JOHN MACARTHUR

EDITORIAL
PORTAVOZ

Título del original: *Different By Design,* © 1994 por John MacArthur y publicado por Chariot Victor Publishing, filial de Cook Communications, Colorado Springs, Colorado 80918.

Edición en castellano: *Distintos por diseño,* © 2004 por John MacArthur y publicado por Editorial Portavoz, filial de Kregel, Inc., Grand Rapids, Michigan 49505. Todos los derechos reservados.

Traducción: Evis Carballosa

EDITORIAL PORTAVOZ
2450 Oak Industrial Dr NE
Grand Rapids, Michigan 49505 USA

Visítenos en: www.portavoz.com

ISBN 978-0-8254-5706-7

2 3 4 5 edición / año 23 22 21 20 19 18

Impreso en los Estados Unidos de América
Printed in the United States of America

Contenido

Introducción 7

Primera parte: El ataque contra el diseño de Dios

    Capítulo 1: De la creación a la corrupción 17

    Capítulo 2: El argumento a favor de la autoridad y la sumisión . . 31

Segunda parte: El diseño de Dios para el matrimonio

    Capítulo 3: El matrimonio tal y como fue diseñado 49

    Capítulo 4: La esposa excelente en el trabajo 65

    Capítulo 5: Un lugar diferente en el plan de Dios 81

Tercera parte: El diseño de Dios para la iglesia

    Capítulo 6: Los hombres que dirigen la iglesia 105

    Capítulo 7: El elevado llamado de Dios a la mujer 123

    Capítulo 8: El carácter del servicio 141

    Capítulo 9: Por la causa del reino 161

Guía para el estudio personal y en grupo 169

Introducción

El hecho de que hombres y mujeres son distintos por diseño no sorprende a los que están comprometidos con la realidad o familiarizados con la Biblia. Es una gran sorpresa, sin embargo, para muchos que, durante varias décadas, han estructurado, rigurosamente avalado o posiblemente sucumbido a los experimentos sociales que niegan o intentan alterar ese diseño. Los experimentos han fracasado y, en el proceso, han destruido nuestra cultura. Un número importante de observadores astutos, honestos y valientes en las últimas décadas de nuestro siglo ha comenzado a expresar su sentir:

- **Asunto:** Desde el comienzo de este siglo en la antigua Unión Soviética, se han llevado a cabo experimentos sociales radicales respecto al papel del hombre y de la mujer y los mismos han dado como resultado que "muchas mujeres rusas ven la verdadera libertad como la habilidad de ser esposas y madres a tiempo completo", según una historia de primera plana publicada en una edición reciente de *Los Angeles Times* (Elizabeth Shogren, "La erosión de la igualdad rusa " [jueves, 11 de febrero, 1993], A1). Esa opción tradicional desde hace mucho tiempo les ha sido negada, y tanto hombres como mujeres se están percatando de que esa negativa nunca fue correcta:

  Encuestas de opinión pública muestran que muchos rusos, hombres y mujeres, piensan que si pudieran elegir, la mayoría de las mujeres no trabajaría fuera de casa cuando están criando a sus hijos.

Lyudmila es una joven que ya ha decidido que no quiere repetir la vida de doble responsabilidad que tuvo su madre, que ha trabajado arduamente a todo tiempo durante veinte años en una fábrica de caramelos mientras que, al igual que muchas otras mujeres rusas, era la única responsable de la familia. "No experimenta ninguna satisfacción de su trabajo", dice Lyudmila... "No quiero trabajar después de casarme. Quita demasiado tiempo de la familia. La mayoría de mis amigas piensan igual..." "La mayoría de las mujeres jóvenes piensan que es mejor que las mujeres estén en casa", dice Valentina V. Bodrova, socióloga en el Centro de Opinión Pública e Investigación de Mercado para toda Rusia, una prominente organización de encuestas (A 10).

- **Asunto:** La portada de la revista *Time* del 20 de enero de 1992, dice: ¿Por qué son diferentes los hombres y las mujeres? No es solo la crianza. Nuevos estudios muestran que nacen de esa manera (20 de enero, 1992). Ese titular tiene la aureola de una sorprendente revelación, pero en realidad es cuestión de sentido común para personas objetivas, como la demuestra la ilustración del artículo:

Muchos científicos confían en un equipo costoso y complicadamente elaborado para investigar los misterios que confrontan a la humanidad. Pero no Melissa Hines. Esa científica de comportamiento humano de UCLA [Universidad de California en Los Ángeles] espera poder resolver uno de los problemas más antiguos de la vida con una caja de juguetes llena de coches de policía, casitas de madera y muñecas Barbie. Hines y sus colegas han intentado determinar el origen de las diferencias de géneros mediante la filmación de los gritos de alegría, agujeros de concentración y las miríadas de decisiones que los niños entre dos años y medio y ocho años hacen mientras juegan. Aunque ambos sexos juegan con todos los juguetes disponibles en el laboratorio de Hines, *su trabajo confirma lo que la mayoría de los padres (y más de unas pocas tías, tíos y maestros de párvulos) ya saben.* Como grupo, los chicos se inclinan por los autos deportivos, camiones de bomberos y bloques de madera, mientras que las chicas más frecuentemente prefieren las muñecas y los juguetes de cocina. Durante la revolución feminista de los años setenta, conversaciones acerca de las diferencias innatas en el comportamiento de hombres y mujeres eran manifiestamente fuera de lugar, e incluso tabú. Una vez abolido el sexismo, dice el argumento, el mundo se convertirá en un lugar igualitario y con identidad sexual ambigua, aparte de algunos detalles anatómicos. Pero la biología tiene una manera chistosa de confundir las expectativas. En vez de desaparecer, la evidencia de las diferencias sexuales innatas solo comienza a aumentar.

Otra generación de padres descubrieron que, a pesar de sus mejores esfuerzos para dar pelotas de béisbol a sus hijas y estuches de coser a sus hijos, las niñas todavía corrían hacia las casas de muñecas mientras que los chicos se trepaban en los árboles (Christine Gorman, "Comparando los sexos", p. 24, cursivas añadidas).

• **Asunto:** Un libro reciente sobre la fisiología del cerebro, provocativamente titulado: *Cerebro sexual: La verdadera diferencia entre hombres y mujeres* (Anne Moir y David Jessel [Nueva York: Dell, 1991] detalla la evidencia empírica de las diferencias innatas entres los sexos. Anne Moir adquirió su interés en el tema cuando realizaba estudios de postgrado para su doctorado en genética en la Universidad de Oxford en medio de la atmósfera feminista radical de los años setenta. Observó que algunos científicos parecían temerosos de sus descubrimientos con respecto a las diferencias entre el varón y la hembra, minimizando su importancia por encima de lo que era políticamente correcto. Pero la Dra. Moir siguió la creciente evidencia a través de los años, y dio a conocer sus descubrimientos a un reportero. El libro que surgió de su esfuerzo conjunto tiene esta importante introducción:

Los hombres son distintos de las mujeres. Son iguales solo en que participan como miembros de la misma especie, la raza humana. Mantener que son iguales en aptitud, destreza o comportamiento es contradecir una sociedad basada sobre una materia biológica y científica.

Los sexos son distintos porque sus cerebros son distintos. El cerebro, el principal órgano administrativo y emocional de la vida, está construido de manera diferente en hombres y mujeres;

procesa la información de manera diferente, lo que resulta en diferentes percepciones, prioridades y comportamientos. En los últimos diez años ha habido una explosión de investigación científica con respecto a lo que hace diferente a los sexos.

Doctores, científicos, psicólogos y sociólogos, trabajando por su cuenta, han producido una gran cantidad de descubrimientos que, tomados en su conjunto, ponen al descubierto un cuadro admirablemente armonioso. Un cuadro de sorprendente asimetría sexual. Es hora de hacer explotar el mito social de que hombres y mujeres son virtualmente intercambiables, salvo imprevistos. Pero en realidad no hay imprevisibles (p. 5).

• **Asunto:** Otro libro popular respecto a este tema general, que se mantuvo más de dos años en la lista de los más vendidos del *New York Times,* es *"Usted simplemente no entiende: Mujeres y hombres en conversación"* por la doctora Deborah Tannen (Nueva York: Ballantine, 1991). Un libro anterior también escrito por Tannen solo tiene un capítulo de diez acerca de la diferencia de los géneros pero el noventa por ciento de las solicitudes que recibió para entrevistas, artículos y conferencias procedían de personas deseando saber más con respecto a las diferencias entre hombres y mujeres. La doctora decidió que también quería aprender más. Tannen escribe:

"Me uno al creciente diálogo sobre el género y vocabulario porque el riesgo de ignorar las diferencias es mayor que el peligro de mencionarlas. Barrer algo debajo de la alfombra no hace que lo que se ha barrido desaparezca, te hace tropezar y te envía gateando.

Pretender que mujeres y hombres sean iguales daña a las mujeres, porque la manera como estas son tratadas se basa en las normas para los hombres. También hace daño a los hombres quienes, con buenas intenciones, hablan a las mujeres como lo harían a los hombres, y son desventajosos cuando sus palabras no funcionan como esperaban, e incluso genera resentimiento e ira. Si reconocemos y entendemos las diferencias entre nosotros, podemos tomarlas en cuenta, adaptarnos y aprender de los estilos de unos y otros" (pp. 16-17).

• **Asunto:** Una joven madre soltera escribió un libro afirmando que el movimiento feminista, en primer lugar, ha defraudado tanto a las mujeres como a niños y con los hombres no muy lejos en la retaguardia. Señala que:

> Rebuscando a través de los libros de la escuela [pública] de tu hija, lo que no verás… es una sola imagen celebrando el trabajo que las mujeres hacen como esposas y madres.

> Esa información… es cuidadosa y sistemáticamente extraída de los archivos culturales oficiales. La igualdad sexual en la mentalidad de nuestra cultura para negar la existencia de contribuciones específicamente femeninas, una excusa para descartar la aprobación y protección social cuando las mujeres rehúsan comportarse igual que los hombres… Cuando una cultura comienza a promover conceptos falsos de sexo, género y familia, las repercusiones se sienten de inmediato, penetrando profundamente dentro de los menos públicos y más íntimos ámbitos de nuestra vida diaria (Maggie Gallagher, *Enemies of Eros* [Enemigos de Eros] [Chicago: Bonus, 1989], 9, 21).

> Un artículo reciente publicado en *The Atlantic Monthly* describe esas reverberaciones con detalles escalofriantes. ¿Sus conclusiones? Que "durante las pasadas dos décadas y media los norteamericanos han estado llevando a cabo lo que es equivalente a un vasto experimento natural de la vida familiar. Esta es la primera generación en la historia de la nación que está peor que sus padres sicológica, social y económicamente" (Barbara Dafal Whitehead, "Dan Quayle estaba en lo correcto" [abril 1993]: 84).

• **Asunto:** Durante la elección presidencial norteamericana de 1992, se recibió un conmovedor recordatorio de que muchas personas sensibles resistieron los experimentos de la familia que se realizan en la sociedad. Marilyn Quayle, esposa del ex vicepresidente, dijo en una importante conferencia:

> "No todos creen que la familia era tan opresiva que las mujeres podían desarrollarse solo aparte de esta… a veces pienso que… las liberales están… enfadadas porque creen en las grandiosas promesas de los movimientos liberacionistas.

Están contrariadas porque la mayoría de las mujeres no desean ser liberadas de su naturaleza esencial como mujeres. La mayoría de nosotras ama ser madre y esposa, que da a nuestra vida una riqueza que pocos hombres o mujeres obtienen solo de éxitos profesionales... Ni ha contribuido a que haya una mejor sociedad el liberar a los hombres de sus obligaciones como esposos y padres (miércoles, 19 de agosto, 1992, Convención Nacional Republicana, Houston, Texas, transcripción ID 861194).

Los cristianos siempre han objetado a la confusión intencionada o no de los distintos géneros, escribiendo muchos libros de sus propias cosechas con respecto a ese tema y mucho antes de que esa tarea se hiciera popular. Algunos de esos libros se centran exclusivamente en las mujeres y el feminismo. Otros tratan de lo que la Biblia enseña acerca de hombres y mujeres, dando grandes detalles acerca de cómo era la vida en los tiempos antiguos, pero quedándose cortos respecto a la provisión de criterios en cuanto a cómo aplicar tal estudio a la vida contemporánea.

El acercamiento de este libro a la vida contemporánea no tiene por objeto proporcionar al lector un tono intimidante, sino explicar simple y directamente todos los pasajes bíblicos clave que describen qué significa ser un hombre o una mujer desde la perspectiva de Dios. Deseo que usted tenga un cuadro amplio, pero que no sea apabullante. También intentaré ser práctico de modo que usted sepa como la Palabra de Dios se aplica a su situación particular.

Al mismo tiempo, usted necesita percatarse de las corrientes actuales que amenazan la enseñanza clara de la Biblia con respecto al papel del hombre y de la mujer. Como ocurre con frecuencia, la iglesia a la postre adquiere las enfermedades del mundo y adopta el espíritu de la moda. Algunos líderes y escritores, en nombre del cristianismo, enseñan principios que intentan re-definir e incluso alterar, las verdades bíblicas para acomodar los criterios del pensamiento contemporáneo. Cuando sea apropiado, examinaremos lo que están enseñando.

La primera parte examinará las diferentes envestidas contra el diseño de Dios para hombres y mujeres, comenzando con la corrupción inicial de Satanás de la gloriosa creación hecha por

Dios e incluyendo algunos de los asaltos más contemporáneos contra las doctrinas bíblicas específicas, tal como el principio de autoridad y sumisión. En la segunda parte se dará un repaso al diseño de Dios para el matrimonio, particularmente cómo la vida en Cristo y el ser lleno de su Espíritu pueden traer plenitud a cualquier matrimonio. Trataremos los problemas específicos que las esposas confrontan en una sociedad que lleva a la satisfacción de uno mismo por encima de la responsabilidad familiar. También he incluido un capítulo para los que están casados con inconversos, para los viudos, los divorciados o los solteros. Finalmente, la tercera parte examina el diseño de Dios para el papel de hombres y mujeres en la iglesia, incluyendo los requisitos bíblicos específicos para guiar o servir.

Para limitar el alcance, un área de interacción entre hombre y mujer que no se considerará en profundidad es la vida familiar, un tema que ha sido extensamente considerado en otros libros (*La familia en su plenitud* y *La familia,* ambos publicados por la Editorial Moody [Chicago: 1987, 1982]). Superando los experimentos sociales fracasados, intentaremos redescubrir lo que la eterna Palabra de Dios dice en relación a nuestras diferencias como hombres y mujeres, el gran diseño y el cumplimiento que espera a los que abrazan la verdad.

Primera parte
El ataque contra el diseño de Dios

Capítulo 1

De la creación a la corrupción

Cuando nuestro país se preparaba para entrar en una nueva década, la portada de la edición de la revista *Time* del 4 de diciembre de 1989, declaró: "Las mujeres se enfrentan a los años noventa: En los ochenta intentaron tenerlo todo. Ahora simplemente lo tienen. ¿Hay un futuro para el feminismo?" En el artículo de portada la autora, Claudia Wallis, preguntó: ¿Está el movimiento feminista, una de las revoluciones sociales más grandes de la historia contemporánea, verdaderamente muerto? O ¿está solamente detenido y necesitado de que se le concientice un poco?" (p. 81). Wallis afirma que no está muerto, solo está en transición.

Enfrentado a miríadas de frustraciones en los años ochenta, incluyendo la enmienda de la igualdad de derechos, el elemento más radical del movimiento feminista perdió su voz y otros se vieron obligados a moderar su posición. Incluso Betty Friedan, la voz cantante del movimiento, fue presionada a declararse a sí misma a favor del núcleo familiar.

Aunque los extremistas del movimiento y sus más exageradas posiciones, tales como la abolición del matrimonio y la exaltación del lesbianismo, ya no reciben la atención que antes recibían, el daño a nuestra sociedad ya se ha materializado. George Gilder, autor del libro *Men and Marriage* [Los hombres y el matrimonio] (Gretna, La.: Pelican, 1986) escribe:

> "A pesar de rechazar las políticas feministas y la postura lesbiana, la cultura norteamericana ha absorbido la base ideológica como una esponja. Los principales postulados de la liberación sexual o del libe-

ralismo sexual (la caída en desusos de la masculinidad y de la feminidad, del papel de los sexos y de la monogamia heterosexual como norma moral) se han difundido a través del sistema y convertido en la sabiduría convencional de los Estados Unidos.

Enseñando en la mayoría de las escuelas y universidades de la nación y proclamados persistentemente por los medios de comunicación, el liberalismo sexual prevalece aún donde el feminismo, por lo menos en retórica antivarón parece ser cada vez más irrelevante" (p. VIII).

Desafortunadamente, la iglesia está en el proceso de absorber parte de la misma ideología. Más y más creyentes insensatos caen en las garras de la agenda feminista. Me maravillo al ver cuantas iglesias evangélicas, escuelas e incluso seminarios están descartando doctrinas que otrora defendían como verdades bíblicas. Dentro del cristianismo evangélico hay una equivalente del movimiento feminista llamado "Cristianos por la igualdad bíblica" que se opone a cualquier papel de liderazgo singular para el hombre en la familia y en la iglesia. John Piper y Wayne Grudem, en la introducción del libro *Recovering Biblical Manhood and Womanhood* [Cómo recuperar la masculinidad y la feminidad] (Wheaton, Ill.: Crossway, 1991), describen a los seguidores de esa organización de esta manera:

> Esos autores se diferencian de los feministas seculares porque no rechazan la autoridad de la Biblia o su veracidad, sino que más bien dan nuevas interpretaciones de la Biblia con el fin de apoyar sus afirmaciones, podríamos llamarlos "feministas evangélicos" porque por su compromiso personal con Jesucristo y porque profesan creer en la completa veracidad de las Escrituras todavía se identifican con la fe evangélica. Sus argumentos han sido detallados, sinceros y persuasivos para muchos cristianos.
>
> ¿Cuál ha sido el resultado? Gran incertidumbre entre los evangélicos. Tanto hombres como mujeres sencillamente no están seguros de cuál debe ser su papel. La controversia da señales de intensificarse, no de disminuir. Antes de que termine la lucha, probablemente ninguna familia cristiana y ninguna iglesia evangélica permanecerá inmune (p. XIII).

Aunque hay muchos en nuestra cultura que intentan remover los ideales feministas de la corriente media de la sociedad, la iglesia ha permitido acceso a esos mismos ideales dentro de sus huecas paredes. Pero no debemos sorprendernos porque el ataque feminista contra el pueblo de Dios es tan antiguo como el hombre mismo. El feminismo comenzó en el Huerto del Edén cuando Eva, a la que podríamos llamar la primera feminista, prestó atención a las mentiras de Satanás, se desplazó de debajo de la autoridad de Adán, actuó independientemente y condujo a toda la raza humana al pecado.

La meta de Satanás desde el comienzo ha sido destruir el diseño de Dios para sus elegidos. Es por eso que es tan trágico cuando la iglesia es engañada para ayudarlo a llevar a cabo su asalto en contra de Dios. Lo que debía ser el bastión más fuerte de la verdad de Dios está sucumbiendo rápidamente bajo la marcha del ejército feminista. Los que sostenemos la integridad de la Palabra de Dios no podemos permitir que se convierta en víctima de la torcida sociedad que nos rodea.

Las Escrituras son muy claras con respecto al lugar que Dios ha designado para hombres y mujeres en la sociedad, la familia y en la iglesia. Debemos, por lo tanto, acudir a las Escrituras para reafirmar las maravillas del diseño de Dios.

El perfecto diseño de Dios

Cualquier examen del papel del hombre y de la mujer en el diseño de Dios tiene que comenzar con una comprensión de Génesis 1-3. Los versículos clave en esos capítulos proporcionan un fundamento para los textos que examinaremos en futuros capítulos.

Los portadores de la imagen de Dios como corregentes

Génesis 1: 27- 28 proporciona el relato de la creación del hombre y la mujer:

> Y creó Dios al hombre a su imagen, a imagen de Dios los creó; varón y hembra los creó. Y los bendijo Dios, y les dijo: "Fructificad y multiplicaos; llenad la tierra, y sojuzgadla, y señoread en los peces del mar, en las aves de los cielos; y en todas las bestias que se mueven sobre la tierra.

Note dos cosas importantes en ese relato. Primero, Dios creó tanto al hombre como a la mujer a su imagen. No solo al hombre, sino que también la mujer fue hecha a la imagen de Dios. Como Dios, ambos tienen una personalidad racional. Tanto el hombre como la mujer poseen intelecto, emoción y voluntad, a través de las cuales son capaces de pensar, sentir y escoger. La humanidad, sin embargo, no fue creada a la imagen de Dios en perfecta santidad e incapaz de pecar. Tampoco fueron el hombre y la mujer creados a su imagen esencialmente. Nunca han poseído sus atributos sobrenaturales, tales como omnisciencia, omnipotencia, inmutabilidad u omnipresencia. El ser creado por Dios es solamente humano y para nada divino.

El escritor J. David Pawson nos recuerda que la igualdad varón, hembra de la creación en la imagen de Dios "tampoco significa intercambiabilidad. La cabeza de un cilindro y el cárter del cigüeñal pueden ser del mismo material, tamaño, peso y costo, pero no pueden ser intercambiados" (*Leadership is Male* [El liderazgo es masculino] [Nashville: Thomas Nelson, 1990], 25).

En segundo lugar, Dios los bendijo como hombre y mujer en el versículo 28: "Dios *les* dijo: 'Fructificad y multiplicaos... llenad la tierra... sojuzgadla y señoread'" (cursivas añadidas). El hombre y la mujer eran corregentes: Dios dio tanto a Adán como a Eva la tarea de *gobernar juntos* sobre la baja creación.

La perfecta relación

Génesis 2: 7 describe la creación del hombre con más detalles: "Jehová Dios formó al hombre del polvo de la tierra, y sopló en su nariz el aliento de vida y fue el hombre un ser viviente". Este versículo es vital para nuestra exposición porque afirma que Dios creó al hombre primero y de una manera significativamente diferente que a la mujer. Génesis 2:18-23 amplía el contenido de 1:27-28, añadiendo algunos detalles pertinentes en el proceso. Después de poner al hombre en el Huerto del Edén, mandándole a cultivarlo y a no comer del fruto del árbol del conocimiento del bien y el mal (2:15-17). Y dijo Jehová Dios: "No es bueno que el hombre esté solo; le haré ayuda idónea" (2:18). De modo que creó a Eva para que ayudara a Adán en el gobierno de un mundo no contaminado: "Entonces Jehová Dios hizo caer sueño profundo sobre Adán, y mientras éste dormía, tomó una de sus costillas, y cerró la carne en su lugar. Y de la costilla que Jehová Dios tomó del hombre, hizo una mujer, y la trajo al hombre (vv. 21-22).

Al encontrarse con su esposa, asombrado Adán declaró: "Esto es ahora hueso de mis huesos y carne de mi carne; ésta será llamada Varona, porque del varón fue tomada" (v. 23). Inmediatamente Adán reconoció a la mujer como su compañera perfecta. No vio ninguna mancha ni deficiencia en ella, porque tanto su carácter como su actitud eran puros. No había nada criticable en Eva y no había espíritu crítico en Adán.

El capítulo concluye así: "Por tanto, dejará el hombre a su padre y a su madre, y se unirá a su mujer, y serán una sola carne. Y el hombre y su mujer estaban desnudos y no se avergonzaron (vv. 24-25). No se avergonzaron porque en su estado perfecto no podían existir pensamientos malos, ni impuros, ni perversos.

Puesto que el hombre fue creado primero se le dio el liderazgo sobre la mujer y la creación. El hecho de que Adán dio el nombre a Eva, un privilegio que en el Antiguo Testamento era otorgado a los que tenían autoridad, puso de manifiesto su autoridad sobre ella. Pero su relación original era tan pura y perfecta que su liderazgo sobre Eva era una manifestación de su profundo amor hacia ella. Ningún egoísmo o rebeldía empañaba su relación. El uno vivía para el otro en cumplimiento perfecto del propósito para el que fueron creados y bajo la perfecta provisión y cuidado de Dios.

Raymond C. Ortlund, hijo, profesor del Trinity Evangelical Divinity School, explica escuetamente la paradoja de esos dos relatos:

> ¿Estaba Eva a la par de Adán? Si y no. Ella era su igual espiritualmente... "idónea para él". Pero no era su igual en el sentido de que era "ayuda". Dios no creó un hombre y una mujer de una manera no diferenciada, y su propia identidad masculina y femenina marca sus papeles respectivos. Un hombre, solo por virtud de su masculinidad, es llamado a dirigir por Dios. Una mujer, solo por su virtud de ser mujer, es llamada a ayudar por Dios ("Igualdad de varón y hembra y el liderazgo masculino", *Recovering Biblical Manhood and Womanhood* [Cómo recuperar la masculinidad y la feminidad], 102).

¿Cómo es que los feministas evangélicos arreglan Génesis 2 para acomodar sus prejuicios? Específicamente, ¿cómo manejan la frase "ayuda idónea para él"? Aida Besancon Spencer, ministra ordenada de la Iglesia Presbiteriana, afirma que el vocablo hebreo *neged,* que puede traducirse "en frente de" o "a la vista de" parece sugerir superioridad o igualdad (*Beyond the Curse* [Más allá de la maldición] [Peabody, Mass: Hendrickson, 1989], 24). Outlund, por otro lado, dice que *neged* es correctamente parafraseado como "una ayuda correspondiente a él", de ahí la traducción "idónea" (*Recovering Biblical Manhood and Womanhood* [Cómo recuperar la masculinidad y la feminidad], 103). Spencer osadamente concluye que "Dios creó a la mujer para que estuviera "en frente de" o "visible" para Adán, lo cual simbolizaría la igualdad (¡por no decir la superioridad!) en todos los aspectos. Todavía más, "¡uno podría argumentar que la hembra es la ayuda que gobierna a aquel a quien ayuda!" (*Beyond the Curse* [Más allá de la maldición], 25).

Dios no creó a Eva para que fuera superior a Adán. Tampoco la diseñó para que fuera una esclava. Les dio una relación perfecta. El hombre como cabeza dispuesto a proveer para ella, y ella deseosa de someterse a él. Adán vio a Eva como una copartícipe con él en todos los aspectos, ese era el diseño de Dios para una unión perfectamente gloriosa.

El pecado y la maldición

Pero algo terrible ocurrió al diseño maravilloso de Dios. Génesis 3:1-7 describe el primer período:

> Pero la serpiente era astuta, más que todos los animales del campo que Jehová Dios había hecho; la cual dijo a la mujer: ¿Conque Dios os ha dicho: No comáis de todo árbol del huerto? Y la mujer respondió a la serpiente: Del fruto de los árboles del huerto podemos comer; pero del fruto del árbol que está en medio del huerto dijo Dios: No comeréis de él, ni lo tocaréis, para que no muráis.
>
> Entonces la serpiente dijo a la mujer: No moriréis; sino que sabe Dios que el día que comáis de él, serán abiertos vuestros ojos, y seréis como Dios, sabiendo el bien y el mal.
>
> Y vio la mujer que el árbol era bueno para comer, y que era agradable a los ojos, y árbol codiciable para alcanzar sabiduría; y tomó de su fruto y comió; y dio también a su marido, el cual comió así como ella.
>
> Entonces fueron abiertos los ojos de ambos, y conocieron que estaban desnudos; entonces cosieron hojas de higuera, y se hicieron delantales.

Dejando a un lado el liderazgo del hombre, la serpiente fue detrás de la mujer, quien por diseño era la seguidora. Le prometió a Eva que si comía el fruto prohibido no moriría como Dios le había advertido, sino que, de hecho, se convertiría en un dios en sí misma (vv. 4-5). La serpiente prevaleció al engañar a la mujer para que comiera del fruto del árbol del conocimiento del bien y el mal. Ella a su vez persuadió a Adán a cometer el mismo pecado, haciendo de ese modo exitoso el ataque de Satanás contra el liderazgo de Adán.

Eva pecó no solo por desobedecer al mandamiento específico de Dios, sino también por actuar independientemente de su marido al no consultarle acerca de la tentación de la serpiente. Adán pecó no solo por desobedecer el mandato de Dios, sino también por sucumbir a la usurpación de su liderazgo por parte de Eva, dejando de ejercer la autoridad que Dios le había otorgado. Tanto el hombre como la mujer torcieron el plan de Dios para sus relaciones, invirtiendo sus papeles, y el matrimonio no ha sido lo mismo desde entonces.

El escritor Outlund hace una observación penetrante: "¿No es llamativo que caímos delante de una ocasión de la inversión del papel del sexo? ¿Vamos a institucionalizar tal cosa en el círculo evangélico en el nombre del Dios que lo condenó en el principio?" (*Recovering Biblical Manhood and Womanhood,* [Cómo recuperar la masculinidad y la feminidad] 107).

Elementos de la maldición

El pecado de Adán y Eva precipitó una maldición que afecta los elementos más básicos de la vida:

- La muerte (Gn. 2:17): Dios advirtió a Adán: "… porque el día que de él [el árbol del conocimiento del bien y el mal] comieres, ciertamente morirás".
- Dolores en la preñez (3:16): La maravillosa realidad y el gozo de tener un niño sería empañada por la angustia de dar a luz.
- Las dificultades del trabajo (3:17-19): El hombre fue maldecido con el trabajo duro, difícil y con la frustración de conseguir un sueldo para proveer el pan de su familia.
- Conflicto en el matrimonio (3:16): Como consecuencia de la desobediencia de Eva y su fracaso al no consultar a su marido con respecto a la tentación de la serpiente, Dios le dijo: "tú deseo será para tu marido, y él se enseñoreará de ti [gobernará sobre ti]". Creo que ese aspecto de la maldición predice el conflicto matrimonial producido por el gobierno opresivo del marido sobre su esposa y el deseo de la esposa de dominar y controlar sus relaciones (una interpretación sugerida por Susan Foh en *Women and the Word of God* [Las mujeres y la Palabra de Dios] [Phillipsburgh, N.J.: P&R, 1979], 68-69).

El vocablo hebreo traducido "enseñorear" significa "reinar". En la Septuaginta (la traducción griega del Antiguo Testamento) la palabra usada significa "elevar a una posición oficial". Es como si Dios dijera a la mujer, "en un tiempo eras corregenta, gobernando maravillosamente como equipo, pero desde ahora en adelante el hombre será colocado sobre ti". Ese no era el plan original de Dios para la función del hombre. Aunque las Escrituras no nos proporcionan suficiente información para ser dogmáticos acerca de lo que ese gobierno significa, la implicación es que representaba un nuevo autoritarismo despótico.

El vocablo "deseo" en la frase "tu deseo será para tu marido" es difícil de traducir. No puede significar sexual o psicológico, ambos caracterizan el deseo de Adán antes de la caída. Es el mismo deseo mencionado en el capítulo siguiente, sin embargo, donde se usa el mismo vocablo hebreo. Dicho vocablo proviene de una raíz árabe que significa "obligar", "impeler", "urgir" o "procurar el control". En Génesis 4:7 Dios concretamente advierte a Caín: "... el pecado está a la puerta; con todo esto, a ti será su deseo, y tú te enseñorearás de él", es decir, "el pecado desea controlarte, pero tú tienes que dominarlo". El pecado deseaba dominar a Caín, pero Dios manda a Caín que domine al pecado. Sobre la base de paralelos lingüísticos y teomáticos entre este versículo y Génesis 3:16, el último podría traducirse así: "Tu deseo será controlar a tu marido, pero él señoreará sobre ti". La maldición sobre Eva fue que el deseo de la mujer sería en adelante usurpar el liderazgo del hombre, pero él resistiría ese deseo y la conquistaría a través de medios despiadados.

Efectos de la maldición

Con la caída y su maldición vino la distorsión de la sumisión correcta de la mujer y de la adecuada autoridad del hombre. Ahí es donde comienza la batalla de los sexos, donde nacieron los movimientos liberacionistas de la mujer y del chovinismo masculino. Las mujeres tienen una inclinación pecaminosa a usurpar la autoridad del hombre y el hombre tiene una inclinación pecaminosa de poner la mujer bajo sus pies. El decreto divino de que el hombre gobernara sobre la mujer de esa manera fue parte de la maldición de Dios sobre la humanidad. La naturaleza no redimida tanto del hombre como de la mujer se preocupa de sí misma y se sirve a sí misma, dichas características solo pueden destruir en vez de apoyar las relaciones armoniosas. Solo una manifestación de gracia en Cristo a través de la plenitud del Espíritu Santo puede restaurar el orden creado y la armonía de la correcta sumisión en una relación corrompida por el pecado.

A lo largo de la historia la distorsión de las relaciones ha ocurrido del lado del hombre. En la mayoría de las culturas del mundo antiguo, las mujeres han sido tratadas como poco más que esclavas y esa práctica se refleja en muchas partes del mundo hoy. Marcio Cato, el famoso estadista romano del siglo II a.C., escribió: "Si sorprendes a tu esposa en un acto de infidelidad, puedes matarla sin celebrar juicio. Pero si ella te sorprende a ti, ella no puede aventurarse a ponerte un dedo encima. Ella no tiene derechos". Eso refleja el extremo de la brutalidad masculina que se deriva de la maldición y exhibe la perversión de los papeles y las responsabilidades que Dios diseñó para el esposo y la esposa.

Aún en sociedades supuestamente liberadas, las mujeres frecuentemente son vistas principalmente como objetos sexuales que existen para satisfacer el deseo sexual de los hombres. Debido a que el hombre moderno se inclina a verse a sí mismo solo como una forma más elevada de animal, sin origen divino, ni propósito, ni obligación ante nadie, está más predispuesto a tratar a otras personas simplemente como cosas que han de ser usadas para su propio placer y beneficio.

Por otro lado, en la sociedad moderna, es la agresión femenina lo que está teniendo lugar como la expresión dominante de la maldición. Los feministas modernos comienzan a manifestar su rebelión contra el orden divino mediante la imitación de las *peores* características de los hombres caídos, brutalidad, crueldad, amor por el poder y una manifiesta arrogancia machista.

Si el ataque inicial de Satanás contra la suprema creación de Dios corrompió la familia, el pecado también produjo una extensa influencia foránea y divisionista. El libro de Génesis clasifica el fratricidio (4:8), la poligamia (4:19, 23), pensamiento y palabras sexuales perversas (9:22), el adulterio (16:1-4), la homosexualidad (19:4-11), la fornicación y el rapto (34:1-2), el incesto (38:13-18), la prostitución (38:24), y la seducción (39:7-12), cada uno de esos pecados ataca directamente la santidad y la armonía del matrimonio y la familia.

Satanás sabe por experiencia que cuando el hogar es debilitado, toda la sociedad es debilitada porque el corazón de todas las relaciones humanas es la familia. La maldición golpea a la humanidad en el centro mismo de su relación humana más necesaria: la necesidad de que hombres y mujeres se ayuden mutuamente a vivir vidas productivas, plenas de significado y felices. Pero la rebelión contra el orden divino ha promovido el servir y satisfacer el *ego* como la clave para encontrar significado y felicidad en la vida. Nuestra cultura anima a hombres y mujeres a sentirse libres para expresar el deseo sexual como les plazca: a través de la promiscuidad, infidelidad en el matrimonio, intercambio de parejas, homosexualidad, sodomía o lo que sea. Cuando muerden y tragan la engañosa carnada, se unen a Satanás en socavar y destruir cualquier relación en la vida de cada uno de ellos que sea verdaderamente significativa y satisfactoria, recibiendo a cambio destrucción y enfermedad como la consecuencia divinamente ordenada por tales pecados.

La feminización de la iglesia

Aunque el ataque de Satanás contra el diseño de Dios para hombres y mujeres es claro, hay otra forma de ese ataque que es sutil y menos obvia.

A través de la historia Satanás ha desarrollado sistemas religiosos que falsifican el plan de Dios. No es de sorprenderse que algunos de ellos derivan el modelo de Dios para el papel de hombres y mujeres. Una herejía en particular, el gnosticismo, ha tenido una profunda influencia no solo en el feminismo secular, sino también en el feminismo evangélico.

Las raíces antiguas del feminismo

La agenda actual no es, sino una nueva envoltura y una reencarnación del antiguo gnosticismo. Peter Jones, profesor del Nuevo Testamento en el Westminster Theological Seminary, a quien agradezco el siguiente material, explica que el gnosticismo es un vocablo amplio que describe una falsa religión contra Dios que se desarrolló "como la reunión del misticismo de las antiguas religiones orientales con la cultura racional de los griegos occidentales (*The Gnostic Empire Strikes Back* [El imperio gnóstico contraataca], Phillipsburg, N.J.: P&R, 1992, 15); Hans Jones, *The Gnostic Religion* [La religión gnóstica] Boston: Beacon Press, 1963], 23. El gnosticismo tomó las experiencias intuitivas y esotéricas de los místicos y proclamó que esa era una forma de conocimiento secreto desconocido por los no iniciados, pero superior a la verdad bíblica. La Biblia, según el gnosticismo, es mundana, terrenal e incompleta.

Hoy día el gnosticismo aparece bajo la designación de la *Nueva Era*, pero no hay *nada nuevo* acerca de esta. En el corazón del antiguo gnosticismo estaba un mito central: El universo físico nunca debió de existir. En su lugar, nuestro destino era flotar alrededor en un mundo místico libre formado de vida espiritual, sin las trabas de la definición física ni su limitación. Eso es nada más y nada menos que la herejía del dualismo filosófico, la creencia de que la materia es mala y el espíritu es bueno.

Pero el universo físico comenzó a existir porque, según la teoría de los gnósticos antiguos, el insensato Dios Creador de la Biblia cometió un error y lo creó. Para hacer que su sistema funcionara, los gnósticos intentaron desacreditar al Creador mediante la afirmación de que era un impostor, disfrazado como el verdadero Dios desconocido. Para hacerse a sí mismo algo más que simple protoplasmas accidentales, los gnósticos dicen que cuando Dios creó el universo, de alguna manera también accidentalmente infundió en la humanidad una chispa de vida divina. Convenientemente creían que ellos eran divinos pero que estaban encarcelados en una materia maligna y por ello los gnósticos tenían que libertar lo divino que llevaban dentro mediante la obtención de una iluminación intelectual y espiritual. La manera de efectuar esa liberación era despojándose a sí mismos de las limitaciones del Antiguo Testamento.

El gnosticismo antiguo no solo blasfemaba contra Dios y rechazaba la verdad bíblica, sino que también pervirtió el papel de la mujer, afirmando, por ejemplo, que Eva era una mujer dotada de un espíritu que salvó a Adán. Retorciendo el relato de la creación y el de la caída, los gnósticos dicen que la "dama sabiduría" era la Eva celestial, que entró en la serpiente en el huerto y enseñó tanto a Adán como a Eva el verdadero comienzo de la salvación. De modo que la serpiente no es el tentador. Es el instructor. También es el redentor, el verdadero Cristo, el verdadero reflejo de Dios.

Todo en la literatura gnóstica pone de manifiesto una total tergiversación de la historia de la redención: El Dios Creador de la Biblia es malo, la serpiente en el huerto es el verdadero Cristo, y el Cristo del Nuevo Testamento, como el reflejo de Dios, es igualmente malo. Los gnósticos también afirman que el verdadero Cristo nunca murió y, por lo tanto, no hubo resurrección. De modo que la redención no es una transformación de gracia y milagrosa de una persona a través del sacrificio de Cristo.

Jones dice:

> Los creyentes gnósticos son "salvos" cuando se percatan de quienes son, una parte de lo divino; poseedores dentro de sí mismos del reino; capaces de cualquier cosa; y libres de tradiciones humanas, de estructuras creacionistas o leyes divinas. El corolario es que parte de la autorredención es el rechazo de las normas de ética bíblica y la promoción de la tergiversación de la sexualidad bíblica (*The Gnostic Empire Strikes Back* [El imperio gnóstico contraataca], 26).

En el sistema gnóstico, los papeles del sexo son totalmente alterados. En un texto antiguo el "revelador divino" dice: "Soy andrógino. Soy tanto madre como padre". Andrógino significa la total eliminación de toda distinción sexual, una meta satánica desde el mismo principio. June Singer, una analista junguian (Es un análisis desarrollado por Carl Jung. Se basa en el psicoanálisis de Freud. El análisis junguian es una teoría que pretende proporcionar el conocimiento de uno mismo.) y declarada feminista, dice: La androginia se refiere a una forma específica de unir los aspectos "masculino" y "femenino" de un solo ser humano" (*Androgyny: Toward a New Theory of Sexuality* [Androginia: Hacia una nueva teoría de la sexualidad] [Garden City, N.Y.: Anchor Press, 1976], 22). En su capítulo sobre el gnosticismo, debe notarse cómo ata la androginia a la meta del gnosticismo: "Androginia es el acto de volverse más consciente y, por lo tanto, más total, porque solo mediante el descubrimiento y el redescubrimiento de nosotros mismos en *todos* nuestros muchos aspectos aumentamos el alcance y la calidad de nuestra conciencia" (pp. 134-135, cursivas en el original). El ideal para el gnóstico es llegar a ser asexual, un regalo radical de la diferenciación sexual y una total confusión de la identidad sexual en el papel pretendido por Dios.

El corazón del gnosticismo y del movimiento de la Nueva Era es que el poder femenino es la clave para la salvación. De ahí que el énfasis actual de la Nueva Era es el poder de la diosa o deidad femenina. Shirley MacLaine dedica su libro *Going Within* [Yendo hacia adentro] (Nueva York: Bantam, 1989) a "Sachi, Madre, Kathleen y a Bella y a todas las otras mujeres y hombres que buscan lo espiritual femenino en ellos mismos" (Jones, 49). Masculino equivale a la materia y a lo malo, mientras que femenino es equiparado con el espíritu y lo bueno.

Esa herejía ha influido en muchos que tienen algún tipo de contexto cristiano. "Encontré a Dios en mí misma y lo amo intensamente", dice la teóloga católico romana Carol Christ (Jones, 55; "Why Women Need the Goddess: Phenomenological, Psychological and Political Reflexions" ["Por qué las mujeres necesitan a la diosa: Reflexiones fenomenológicos, psicológicas y políticas,"] en Christ y Plaskow, *Womanspirit Rising: A Feminist Reader in Religion* [El auge del espíritu feminista: Una lectura feminista en religión] [San Francisco: Harper and Row, 1979], 277). El vicepresidente Al Gore, un bautista del sur, expresa: "su fe en la interconexión de todas las cosas, en el gran valor de todas las confesiones religiosas, y en su esperanza de que la antigua adoración pagana de la deidad femenina contribuya a traernos la salvación planetaria y universal" (Jones, 99-100; Gore, *Earth in the Balance: Ecology and Human Spirit* [La tierra en la balanza: Ecología y el espíritu humano] [Nueva York: Houghton Miffin, 1992], 258-60).

Jones expresa acertadamente la meta de la teología de la Nueva Era cuando escribe: "El camino al equilibrio andrígeno perfecto implica la destrucción de la diferenciación tradicional entre el varón y la hembra por medio de alternativas sexuales y el feminismo de la Nueva Era" (p. 61). Dicho autor ofrece como ejemplo a la escritora de la Nueva Era Charlane Spretnak y su libro *The Politics of Women's Spirituality* [Las normas de la espiritualidad de las mujeres] (publicado en 1992 por Doubleday. El libro hace un llamado a poner fin a "la religión judeocristiana por medio de un movimiento feminista alimentado del concepto pagano de adorar deidades femeninas y la hechicería que logra derribar el gobierno universal del hombre" (Jones, 61).

En *The Femenization of America* [La feminización de norteamérica] (Los Ángeles: Jeremy P. Tarcher, Inc., 1985), las escritoras Elinor Lenz y Bárbara Myerhoff celebran esa búsqueda de una nueva espiritualidad:

> La espiritualidad femenina es un recorrido místico moderno, una búsqueda de definirse a sí misma y la integración con los poderes del universo... Su autoridad reside dentro del individuo y, puesto que no reconoce división entre el cuerpo y el espíritu, mezcla elementos sensuales, terrenales y eróticos con la reverencia espiritual y el dominio personal.
>
> Como religión de proceso y síntesis, es una fe para nuestro tiempo, para esta era dinámica, pluralista, interdependiente cuando las personas necesitan encontrar significado y coherencia dentro de la comunidad humana en vez de encontrarla en algún padre sobrenatural, todopoderoso o deidad masculina.
>
> Mientras que los antiguos dioses se van muriendo uno tras otro y son reemplazados por la nueva espiritualidad, podemos anticipar una "tercera venida" que nos ayudará a conseguir vidas personales más gratificantes a través de una conexión espiritual con otros, compartiendo nuestra humanidad común, con el misterio divino de la creación, y con el mundo natural (pp. 155-156).

Es triste decirlo, pero hay cristianos sin discernimiento que están sucumbiendo ante estas herejías infernales, y la iglesia, en vez de controlar esta fuerza destructiva en realidad se está subiendo en ese tren. David J. Ayers, profesor asistente de sociología en *Dallas Baptist University* (Universidad Bautista de Dallas), lo explica así: "Tal celebración de lo femenino como una nueva fuerza espiritual no es simplemente un páramo cultural del feminismo. Ha encontrado un lugar respetable dentro de la corriente media de la agenda social del feminismo y está firmemente evidente como un movimiento creciente dentro del cristianismo incluso dentro de los evangélicos militantes ("The Inevitability of Failure: The Assumptions and Implementations of Modern Feminism [Las suposiciones y las implementaciones del feminismo moderno], in *Recovering Biblical Manhood and Womanhood* [Cómo recuperar la masculinidad y la feminidad], 322; vea también Patricia Aburdene y John Naisbitt, *Megatrends for Women: From Liberation to Leadership* [Megatendencias para mujeres: De la liberación al liderazgo] (Nueva York: Fawcett Columbine,

1992), 267-88, para un análisis detallado del movimiento de la diosa como el brazo espiritual del feminismo moderno).

Durante los últimos siglos la sociedad occidental ha sido bombardeada con la filosofía humanista, igualitaria, asexual y sin clases que era la fuerza dominante detrás de la revolución francesa. Satanás continúa dirigiendo la obra de empañar e incluso de la eliminación total de todas las diferencias humanas con el objeto de socavar la autoridad legítima ordenada por Dios en cada esfera de la actividad humana: en el gobierno, la familia, la escuela, y aún en la iglesia. Continuamente somos asediados por los conceptos descreídos y ateos de la suprema independencia del hombre de toda ley externa y de cualquier autoridad divina. Esa filosofía es autodestructiva, porque ningún grupo de personas puede vivir ordenadamente y en productividad si rechaza la Palabra de Dios y si cada persona se empeña a hacer su propia voluntad.

Un gran sector de la iglesia, desafortunadamente, ha caído víctima de esa filosofía humanista y ahora está dispuesta a reconocer la agenda del feminismo y la homosexualidad en la ordenación de mujeres y de homosexuales. Generalmente se argumenta que los pasajes bíblicos que se oponen al igualitarismo no fueron inspirados o fueron intercalados por editores, escribas, profetas o apóstoles prejuiciados. Hay intérpretes de la Biblia que funcionan sobre la base de una hermenéutica que es guiada por la filosofía humanista contemporánea en vez de la absoluta autoridad de las Escrituras como la Palabra inerrante de Dios. La iglesia está cosechando la tempestad de la confusión, el desorden, la inmoralidad y la apostasía que esa flagrante negación de la Palabra de Dios siempre genera. No deberíamos esperar nada menos. Después de todo, el apóstol Pedro advirtió:

> Pero hubo también falsos profetas entre el pueblo, como habrá entre vosotros falsos maestros, que introducirán encubiertamente herejías destructoras, y aún negarán al Señor que los rescató, atrayendo sobre sí mismos destrucción repentina y muchos seguirán sus disoluciones, por causa de los cuales el camino de la verdad será blasfemado, y por avaricia harán mercadería de vosotros con palabras fingidas. Sobre los tales ya de largo tiempo la condenación no se tarda, y su perdición no se duerme.

El apóstol Pablo encontró las mismas herejías en el siglo primero. En los capítulos siguientes examinaremos como le hizo frente a la falsa enseñanza de su día y lo que enseñó acerca del diseño de Dios para hombres y mujeres.

Capítulo 2

El argumento a favor de la autoridad y la sumisión

Ningún otro autor humano de las Escrituras ha sido atacado con mayor frecuencia que el apóstol Pablo. En el ámbito de los papeles de varón y hembra en la iglesia, los ataques más sorprendentes proceden no de los feministas seculares, sino de los feministas evangélicos. Con frecuencia acusan al apóstol de ser un chauvinista masculino, quien frecuentemente enseñó sus propios prejuicios en vez de la Palabra de Dios.

El Dr. H. Wayne House, profesor asociado de teología sistemática en el Seminario Teológico de Dallas y presidente del Concilio sobre masculinidad y feminidad según la Biblia, escribe:

> ¿Debemos ignorar los argumentos de Pablo de que el pecado proviene de un hombre simplemente porque preferimos un modelo de interpretación formulado por la antropología atea contemporánea sobre la interpretación tradicional? De igual modo, ¿debemos rehusar creer en el pecado porque imaginamos que Pablo simplemente tomó prestadas sus ideas sobre el pecado original de la teología rabínica?
>
> Obviamente, la mayoría de los evangélicos contestaría estas preguntas con un enfático "¡NO!" Pero cuando los casos presentados por muchos cristianos feministas son destilados en su esencia, esos ejemplos hipotéticos no son muy diferentes de los argumentos feministas con respecto a otras enseñanzas paulinas. En tales casos, la verdadera pregunta es si la Biblia es o no la Palabra de Dios inerrante y autori-

tativa, y si uno debe o no someterse a ella (*The Role of Women in Ministry Today* [El papel de las mujeres en el ministerio hoy] [Nashville: Thomas Nelson, 1990], 20-21).

Esa penetrante observación golpea en el centro de lo que los feministas evangélicos tienen que hacer para alcanzar sus preconcebidas conclusiones: Compromete la inerrancia y la infalibilidad de la Palabra de Dios a través de métodos de interpretación inquietantes, tales como "la adopción de novedosos puntos de vista del significado de palabras y de factores gramaticales y textuales [que] si usados en otras áreas de teología probablemente serían considerados forzados, por no decir claramente erróneos (*The Role of Women in Ministry Today* [El papel de las mujeres en el ministerio hoy], 29). Uno de los pasajes de las Escrituras más frecuentemente atacado es 1 Corintios 11:3-16, y en particular la interpretación tradicional del vocablo griego traducido "cabeza" en el versículo 3, con el significado de "autoridad sobre" un vocablo que los feministas evangélicos tienen que redefinir para apoyar su posición. Veamos, pues, dicho pasaje.

Feminismo en Corinto

La iglesia en Corinto confrontaba el mismo problema que la iglesia contemporánea: un concepto equivocado del papel del varón y de la hembra y sus relaciones. Su confusión se derivaba de varios movimientos feministas desperdigados en el Imperio Romano durante los tiempos del Nuevo Testamento. Según Juvenal las mujeres se unían en la caza de hombres "con lanza en mano y exhibiendo los pechos, y se lanzaban a la caza de jabalíes". Continuó su relato diciendo: "Qué modestia podía alguien esperar de una mujer que usa casco, repudia su propio sexo y se deleita en competencias de fuerza (*Satires* [Sátiras] 1:22-23, 61-62, 6:246-64).

En Corinto, las mujeres exigían el mismo trato que los hombres. Similar a lo que demandan muchas mujeres hoy, consideran el matrimonio y la crianza de los niños como limitaciones injustas de sus derechos. Resentían concebir hijos por el temor de que ello afectara su apariencia. Afirmando su independencia, dejaron a sus esposos y sus hogares, rehusaron cuidar de los niños que tenían, vivieron con otros hombres, demandaron trabajos tradicionalmente ocupados por hombres, usaron ropa y estilo de peinados de hombres, y abandonaron toda apariencia de feminidad.

El feminismo obtuvo su popularidad primordialmente del trato inhumano sufrido por las mujeres en la sociedad. La mayoría de las mujeres eran tratadas igual o peor que un pobre esclavo o un animal, y los esposos con frecuencia compraban, cambiaban e incluso disponían de sus esposas libremente. Muchas mujeres judías enfrentaban obstáculos similares. El divorcio era fácil y común, y podía iniciarse casi exclusivamente por el esposo. Algunos hombres judíos tenían a la mujer en tan baja estima que desarrollaron una oración popular en la que daban gracias a Dios por no haber nacido ni esclavo, ni gentil ni mujer.

En medio de esa cultura, Pablo se dirige a los creyentes en Corinto y contesta sus preguntas respecto de la sumisión de la mujer. El apóstol comienza con la explicación de que la sumisión de la mujer al hombre no es, sino un reflejo del principio general de autoridad y sumisión diseñado por Dios.

Elementos indispensables

Autoridad y sumisión son elementos que no solo caracterizan a la creación, sino también al Creador. Pablo dice que "Cristo es cabeza de todo hombre" (1 Co. 11:3). Si Cristo no se hubiera sometido a la voluntad de Dios, la redención para la humanidad habría sido imposible, y estaríamos perdidos para siempre. Si las personas no se someten a Cristo como Salvador y Señor, estarían condenadas por rechazar la provisión de la gracia de Dios. Y si las mujeres no se someten a los hombres, la familia y la sociedad como un todo serían destruidas. Ya sea en una escala divina o humana, sumisión y autoridad son elementos indispensables en el orden y el diseño de Dios.

Antes de instruir a los efesios sobre cómo la autoridad y la sumisión debían caracterizar sus relaciones específicas (vea Ef. 5:22ss), Pablo enfatiza la actitud general cuando dice: "Someteos unos a otros en el temor de Dios" (Ef. 5:21). El vocablo "someteos" es la traducción del término griego *hypotásso*. Originalmente dicho vocablo era una expresión militar que quiere decir "colocar" o "poner en orden". Expresa el ceder los derechos de uno a otra persona. Pablo instruyó a los creyentes de Corinto, por ejemplo, a someterse a sus fieles pastores "y a todos los que ayudan y trabajan" (1 Co. 16:16). Pedro nos manda a someternos cuando dice: "Por causa del Señor someteos a toda institución humana, ya sea al rey, como a superior" (1 P. 2:13). Una nación no puede funcionar sin leyes, soldados, policías, y otros en liderazgo. Eso no quiere decir que sean superiores a otros ciudadanos, pero los líderes son necesarios para mantener la ley y el orden para prevenir que la nación caiga en un estado de anarquía.

Así también dentro de la iglesia debemos de "obedecer a [nuestros] pastores, y [sujetarnos] a ellos porque ellos velan por [nuestras] almas, como quienes han de dar cuenta" (He. 13:17). Tal como ocurre con los líderes en el gobierno, los líderes en la iglesia no son superiores a otros cristianos. Pero ninguna institución, incluyendo la iglesia, puede funcionar sin un sistema de autoridad y sumisión.

En el hogar, la unidad más pequeña de la sociedad humana, se aplica el mismo principio. Incluso un pequeño hogar no puede funcionar si cada miembro exige y expresa rigurosamente su propia voluntad. El sistema de autoridad que Dios ha ordenado para la familia es el liderazgo del esposo sobre la esposa y de los padres sobre los hijos.

Puesto que la cabeza es la parte gobernante del cuerpo, Pablo la usa figuradamente para describir la autoridad. El vocablo griego *kephalé* se traduce "cabeza" tanto en 1 Corintios 11:3 como Efesios 5:23. A través de la historia, los cristianos siempre han entendido que dicho vocablo significa "autoridad sobre". En años recientes, sin embargo, ciertos maestros feministas, en un esfuerzo por demostrar su inclinación a favor del igualitarismo, han sugerido que significa "fuente" u "origen".

Haciendo uso de escritos cuestionables del griego clásico como base, esos escritos afirman que el uso de *kephalé* con el significado de "autoridad sobre" habría sido poco claro a cualquiera que hubiera vivido en el siglo primero. Una de las feministas prominentes que toma esa posición es Catherine Clark Kroeger en una obra que sus seguidores consideran la última palabra sobre el tema ("El concepto clásico de cabeza como 'fuente'", en el Apéndice III en *Equal to Serve* [Iguales para servir] por Gretchen Gaebelein Hull [Old Tappan, N.J.: Fleming H. Revell, 1987], 267-83). Pero Wayne Grundem, en su excelente trabajo, "El significado de *kephalé* (cabeza): Una respuesta a estudios recientes" (Apéndice 1 en La recuperación de la masculinidad y la feminidad bíblica [Wheaton, Ill.: Crossway, 1991],425-68) identifica esas fuentes llamadas "clásicas" como obras originales en el siglo cuarto d.C. y posteriormente concluye: "Después de toda la investigación de este vocablo... todavía queda una pregunta sin contestar: ¿Dónde hay aunque sea un ejemplo de *kephalé* usada de una *persona* con el significado de "fuente" en toda la literatura griega antes o durante el tiempo del Nuevo Testamento?, ¿Existe acaso *un* ejemplo que sea inequívoco?" (p. 465, cursivas en el original). Prosigue a demostrar que cuando *kephalé* es usado figuradamente, siempre comunica la idea de "autoridad sobre".

La clarificación de autoridad

Para ayudar a los corintos a comprender el principio de dirección o liderazgo, Pablo da tres ejemplos en los que este se manifiesta.

La autoridad de Cristo

Puesto que "Cristo es la Cabeza de todo hombre". Él es de manera singular la Cabeza de la iglesia como su Salvador y Señor, habiéndola redimido y comprado con su propia sangre. Pero en su autoridad divina Cristo es Cabeza de todo ser humano, tanto de creyentes como de no creyentes. Jesús declaró: "Toda potestad me es dada en el cielo y en la tierra" (Mt. 28:18). Quienes voluntariamente se someten a su autoridad son la iglesia, y aquellos que se rebelan contra su autoridad son el mundo.

La autoridad del hombre

A continuación Pablo declara que "el varón es la cabeza de la mujer" (1 Co. 11:3). Tan claro como esto es, los feministas frecuentemente, en esta coyuntura, apelan a Gálatas 3:28 ("no hay varón ni mujer") para refutar la noción de que los esposos han de tener autoridad sobre sus esposas y que las esposas deben estar sometidas a sus esposos, sin mencionar que las mujeres en general deben someterse a los hombres en general. Gálatas 3:28 es tan crucial para su agenda que lo consideran la "prueba de fuego" que demuestra igualdad funcional entre hombres y mujeres. Afirman que Pablo contradijo sus propias enseñanzas en otro sitio del Nuevo Testamento, y que Gálatas 3:28 es "su inspiración más elevada y sus otras enseñanzas representan un regreso a su prejuicio rabínico anterior a su conversión" (J. David Pawson, *Leadership Is Male* [El liderazgo es masculino], [Nashville: Thomas Nelson, 1990], 37). Un examen minucioso del contexto confirma que Pablo no era ni contradictorio ni favorecía la igualdad funcional entre hombres y mujeres.

Después de repasar la relación histórica y la superioridad redentora del pacto abrahámico sobre la ley de Moisés en Gálatas 3:6-22, Pablo introduce la aplicación personal de ambos pactos. Al hacerlo, describe la condición de una persona antes y después de la conversión. Antes de la conversión está bajo la esclavitud de la ley; después de la conversión está libre en Cristo. A medida que Pablo despliega los resultados de la salvación a través de la fe en Cristo, describe tres aspectos de la nueva libertad del creyente. Es un hijo de Dios (v. 26), forma una unidad con cada creyente (v. 28), y es un heredero de la promesa (v. 29).

La clave del propósito de este libro es el segundo aspecto de la libertad en Cristo: somos uno con otros creyentes. Pablo escribe: "Ya no hay judío ni griego; no hay esclavo ni libre; no hay varón ni mujer; porque todos vosotros sois uno en Cristo Jesús (v. 28). El Dr. Robert L. Saucy ofrece una perspicaz interpretación de este crucial versículo:

> La pregunta interpretativa es: ¿Cuál es la diferencia entre varón y hembra que es superada en Cristo? Para decirlo de otra manera a la luz de la declaración del apóstol "porque todos vosotros sois uno en Cristo Jesús", ¿qué "unidad" comparten el hombre y la mujer en Cristo? Nos gustaría sugerir... que las respuestas a esas preguntas no conciernen para nada al orden funcional entre el hombre y la mujer. Más bien la cuestión, como ocurre con los otros dos pares mencionados [judíos y griegos, esclavos y libres], concierne a la condición espiritual delante de Dios... Conferir la cuestión de las órdenes funcionales de la sociedad humana a este pasaje es imputarle un significado que no está justificado por una exégesis contextual válida. No hay, por lo tanto, mejor base para abolir el orden entre el hombre y la mujer en la iglesia partiendo de Gálatas 3:28 que para abolir un orden entre padres creyentes e hijos o ciudadanos creyentes y los gobernantes. Porque todos son uno en Cristo dentro o fuera de la organización de la iglesia ("The Negative Case Against the Ordination of Women") ["El argumento negativo en contra de la ordenación de mujeres"] en Kenneth S. Kantzer y Stanley N. Gundry, eds; *Perspective on Evangelical Theology* [Perspectiva de la teología evangélica] [Grand Rapids: Baker, 1979], 281-82).

La unidad en Cristo no ha destruido las diferencias entre judíos y gentiles. Ni ha removido las diferencias funcionales entre esclavos y amos (vea 1 Co. 7:22-24). ¿Por qué, entonces, debemos asumir que la removió entre hombres y mujeres? Esa interpretación es adicionalmente fortalecida, según el Dr. Saucy, mediante el uso de los términos generales "hombre" y "mujer". En cada pasaje paulino que trata con los papeles funcionales, los vocablos "hombre" y "mujer" o "marido" y "esposa" aparecen. Sancy observa: "¿Por qué si el apóstol está hablando de relaciones funcionales en Gálatas 3:28, no usa el lenguaje que usa en los otros pasajes? ¿Por qué no dice: 'no hay ni hombre ni mujer' en Cristo en vez de 'varón' y 'hembra'?" (p. 283).

Esas bien definidas diferencias en la sociedad de los días de Pablo trazaron líneas concretas y establecieron grandes murallas de separación entre las personas. La esencia de esas diferencias era la noción de que ciertas personas, a saber, judíos, personas libres y varones en general eran mejores, de más valor y más importantes que otros. Pero el evangelio destruye todos esos pensamientos orgullosos. Ya no hay diferencias entre los que pertenecen a Cristo, todos son uno en Él. En cuestiones espirituales no debe haber discriminación racial, ni social ni sexual.

Así todo, hay cristianos que son judíos, gentiles, esclavos, libres, hombres y mujeres. Pablo, sin embargo, hablaba de distinciones espirituales, diferencias en posición delante del Señor, valor espiritual, privilegio y mérito. Por consiguiente, prejuicio basado en raza, nivel social, sexo o cualquier otra diferencia superficial y temporal no tiene cabida en la comunión de la iglesia de Cristo. Todos los creyentes sin excepción, "son uno en Cristo Jesús". Dios concede bendiciones espirituales, recursos e iguales promesas a todos los que creen.

Al reconocer a las mujeres creyentes como plenamente iguales en lo espiritual a los hombres creyentes, el cristianismo elevó a las mujeres a un nivel que nunca antes habían conocido en el mundo antiguo. Dios ha establecido el liderazgo del hombre, pero en la dimensión de las posesiones y privilegios espirituales, no existe ninguna diferencia.

Es por eso que Pablo no establece ninguna diferencia entre hombres y mujeres en lo que concierne a habilidades, intelecto, madurez o espiritualidad. De hecho, algunas mujeres son superiores a algunos hombres en esas áreas. Pero Dios estableció el principio de la autoridad masculina y de la sumisión de la mujer con el fin de que haya orden y complementación, no sobre la base de ninguna superioridad innata en el varón. Un empleado puede ser más inteligente y más diestro que su jefe, pero una empresa no puede ser administrada sin la sumisión a la autoridad designada, incluso si algún administrador no es competente en la medida en la que debía serlo. Los líderes de la iglesia son escogidos de entre los hombres más espirituales de la congregación, pero otros hombres de la iglesia podrían ser aún más espirituales. Los que no ocupan posiciones de liderazgo son igualmente llamados a someterse a los que ocupan esas posiciones.

Una iglesia puede tener algunas mujeres que son mejores estudiantes de la Biblia, de la teología y mejores comunicadoras que muchos hombres. Pero si esas mujeres son obedientes al orden de Dios y comprometidas con su plan, se someterán al liderazgo masculino y no lo usurparán.

La autoridad de Dios

La tercera manifestación de autoridad y sumisión es que "Dios es la cabeza de Cristo" (1 Co. 11:3). Jesús claramente expresó que se sometió a sí mismo a la voluntad del Padre (Juan 4:34; 5:30; 6:38; vea 1 Co. 3:23; 15:24-28). Cristo nunca ha sido, ni antes, ni durante, ni después de su encarnación, inferior en esencia al Padre. Pero en su encarnación voluntariamente se subordinó a sí mismo al Padre en su función como Salvador, humillándose a sí mismo en amorosa obediencia para cumplir el plan redentor de Dios.

Esos tres aspectos de autoridad y sumisión son inseparables. Tal como Cristo se sometió al Padre, los cristianos deben someterse a Cristo y las mujeres deben someterse al hombre. Uno de esos aspectos no puede rechazarse sin rechazar los otros. Cualquiera que rechaza el principio de la sumisión de la mujer al hombre tiene que rechazar la sumisión de Cristo al Padre y la sumisión de los creyentes a Cristo.

Autoridad y sumisión en cada uno de estos casos se basan en el amor no en la tiranía. El Padre envió a Cristo por amor, no por coacción, para redimir al mundo. El Hijo se sometió al Padre por amor, no por obligación. Cristo ama tanto a la Iglesia que murió por ella. Y Él gobierna la Iglesia en amor, no en tiranía. En respuesta, la Iglesia se somete a Él en amor. De igual modo, los hombres en general y los esposos en particular deben ejercer su autoridad en amor, no en tiranía. Su autoridad no está basada sobre ningún valor o capacidad mayor, sino simplemente en el diseño sabio de Dios y en su afectuosa voluntad. Las mujeres, a su vez, deben responder en cariñosa sumisión.

Un símbolo de trascendencia

Para aplicar el principio de autoridad y sumisión al problema particular que los corintos confrontaban, Pablo escribió:

> Todo varón que ora o profetiza con la cabeza cubierta, afrenta su cabeza. Pero toda mujer que ora o profetiza con la cabeza descubierta, afrenta su cabeza; porque lo mismo es si se hubiese rapado. Porque si la mujer no se cubre, que se corte también el cabello; y si le es vergonzoso a la mujer cortarse el cabello o raparse, que se cubra (1 Co. 11:4-6).

Aquí Pablo se refiere a las actividades de los creyentes en ministerios delante del Señor y del público, donde es esencial presentar un testimonio claro. En general "orar" es hablar con Dios acerca de las personas, incluidos nosotros mismos, y "profetizar" es hablar a las personas con respecto a Dios. Uno es vertical (del hombre a Dios) y el otro es horizontal (del hombre al hombre), y estos representan las dos dimensiones primarias del ministerio del creyente.

Porque 1 Corintios 11:5 menciona a mujeres orando y profetizando, algunos creen que Pablo reconoció el derecho de las mujeres a enseñar, predicar y presidir la reunión pública de la iglesia (aunque algunos limitarían eso a dar una palabra de testimonio o a leer las Escrituras en público). Pero Pablo no establece el escenario como un culto oficial de adoración de la iglesia. Es probable que se refiriera a orar o profetizar en lugares diferentes de la reunión de la iglesia. Eso ciertamente armonizaría con las directrices concretas que el apóstol da en 1 Corintios 14:34 y en 1 Timoteo 2:12. El comentarista F. W. Grosheide dice:

> El hecho de que el ministerio de los profetas era para el beneficio de las iglesias no implica que sus manifestaciones proféticas eran hechas o tenían que tener lugar solo en las iglesias. Por el contenido, las Escrituras enseñan otras posibilidades... De especial importancia es Hechos 21: 11ss., donde las actividades de Agabo no parecen haber tenido lugar en una reunión de la congregación. Esto nos lleva a la conclusión de que Pablo en el capítulo 11 habla de orar y profetizar (de mujeres) en público en vez de en una reunión de la congregación (*Commentary on the First Epistle to the Corinthians,* [Comentario de la Primera Epístola a los Corintios], The New International Commentary [Grand Rapids: Wm. B. Eerdmans Publishing Co., 1953], 251-52).

El Nuevo Testamento no pone restricciones en el testimonio público de una mujer a otros, incluso a un hombre. Ni prohíbe a las mujeres a que tomen un papel secundario para orar con creyentes o por no creyentes. Del mismo modo, no hay prohibiciones contra el enseñar a niños y a otras mujeres (vea Tito 2:3-4; 1 Timoteo 5:16). Las mujeres podrían tener el don de profecía como las cuatro hijas de Felipe (Hch. 21:9), pero no profetizaban en las reuniones de la iglesia donde había hombres presentes.

Las mujeres pueden orar y profetizar dentro de los límites de la revelación de Dios, y con un verdadero sentido de sumisión. Al hacerlo es sumamente crítico que reflejen el orden de Dios y que no se muestren rebeldes. Cuando sea y donde sea que hombres y mujeres oren y profeticen apropiadamente, deben de hacerlo mientras mantienen una diferencia adecuada entre hombre y mujer. Todo hombre debe hablar para el Señor claramente como hombre, y cada mujer debe hablar para el Señor claramente como una mujer. Dios no quiere que la diferencia de los papeles sea confusa.

Esa es la realidad que Pablo estaba comunicando cuando ofreció un ejemplo cultural en 1 Corintios 11:4-6. Dice que un hombre "deshonra su cabeza "si" tiene algo sobre su cabeza mientras profetiza". La frase "tiene algo sobre su cabeza" literalmente significa "descendiendo de la cabeza" y normalmente se refería al velo. Nadie en Corinto habría discutido eso, usar una cubierta para la cabeza (o velo) habría sido completamente ridículo para un hombre pero completamente adecuado para una mujer.

En la sociedad corintia un hombre que oraba o profetizaba sin una cubierta mostraba una señal de su autoridad sobre la mujer, de quien esperaba que tuviera se cabeza cubierta. Por consiguiente, para un hombre era una desgracia cubrirse la cabeza, porque eso sugería un cambio total de las relaciones correctas.

Lo mismo era verdad respecto de una mujer. En los días de Pablo se usaban numerosos símbolos para manifestar la subordinación de la mujer en su relación con el hombre, particularmente la de la esposa con su esposo. Normalmente el símbolo tomaba la forma de una cubierta para la cabeza, y en el mundo greco-romano de Corinto el símbolo evidentemente era el velo. En muchos países del medio oriente hoy, por ejemplo, el velo de una mujer casada indica que ella reserva su belleza y encantos totalmente para su marido y no se descubrirá delante de otros hombres. Del mismo modo, en la cultura del siglo primero en Corinto, usar una cubierta en la cabeza mientras ministraba o adoraba era la manera cómo una mujer mostraba su devoción y sumisión a su marido, y al orden de Dios.

Al parecer algunas mujeres de la iglesia en Corinto no se cubrían mientras oraban o profetizaban. El movimiento feminista de esos días probablemente influyó en algunas de las mujeres creyentes en Corinto y, como una señal de protesta e independencia, rehusaron cubrir su cabeza cuando era necesario. De hecho, Pablo dice que una mujer que ora o profetiza con la cabeza descubierta se pone en el mismo plano de aquella que se ha rapado su cabeza (1 Co. 11:5). En aquel tiempo, solo una prostituta o una feminista rebelde y extremista se afeitaba la cabeza. Es difícil creer que alguna mujer cristiana habría deseado ser identificada de ese modo hasta que se recuerda que algunas hoy se muestran tan mundanas que posibilitan hacer esa misma comparación.

En el último análisis no hay nada correcto ni incorrecto en usar o no una cubierta para la cabeza. Pero la rebelión contra los papeles ordenados por Dios es errónea, y en Corinto las mujeres que oraban y profetizaban con su cabeza descubierta confirmaban su rebelión. El principio de la subordinación de las mujeres a los hombres, no la señal o símbolo particular de esa subordinación, era el foco central de Pablo aquí.

La imagen y la gloria de Dios

Mientras que el cubrir la cabeza parece haber sido un símbolo acostumbrado de subordinación en la sociedad corintia, el principio del liderazgo del varón no es una costumbre, sino un hecho establecido del orden y de la creación de Dios, y no debe nunca ser comprometido. Debido a que una cabeza cubierta era una señal de subordinación, Pablo dijo a los corintios:

> Porque el varón no debe cubrirse la cabeza, pues él es imagen y gloria de Dios; pero la mujer es gloria del varón. Porque el varón no procede de la mujer, sino la mujer del varón, y tampoco el varón fue creado por causa de la mujer, sino la mujer por causa del varón. Por lo cual la mujer debe tener señal de autoridad sobre su cabeza, por causa de los ángeles (1 Co. 11:7-10).

Como vimos en el capítulo 1, el hombre fue creado en la imagen moral, mental y espiritual de Dios. Fue creado singularmente para llevar la imagen de Dios como regidor, puesto que Dios le dio una esfera particular de soberanía. Si bien es cierto que tanto el hombre como la mujer fueron creados en la imagen de Dios, también es cierto que Adán fue creado primero (Gn. 2:7) y Eva fue creada después de una parte del cuerpo de Adán (vv. 21-22). Así que al hombre se le dio el dominio y la autoridad sobre el mundo creado por Dios, y por ese hecho es la gloria de Dios. De Génesis 3:16 aprendemos que después de la caída el gobierno del hombre fue fortalecido. Por consiguiente el hombre no debe usar ningún símbolo de subordinación.

Por otro lado, "la mujer es la gloria del hombre". Ella fue creada para manifestar la autoridad y la voluntad del hombre tal como el hombre fue hecho para manifestar la autoridad y la voluntad de Dios. La mujer es vicerregente del hombre, tal como el hombre es vicerregente de Dios y gobierna en su lugar o ejecuta su voluntad. Aunque la mujer es plenamente en la imagen de Dios, ella no es directamente la gloria de Dios, como lo es el hombre. Ella es, sin embargo, directamente la gloria del hombre, el resplandor indirecto de la gloria de Dios en el hombre. El argumento de Pablo es que el hombre revela cuán magnífica criatura Dios puede crear de sí mismo, mientras que la mujer muestra cuán magnífica criatura Dios puede crear a partir del hombre (2:21-22).

Aún así, en lo que respecta a la gracia salvadora y santificadora, una mujer entra tan profundamente en comunión con Dios como un hombre. Fue hecha de igual manera en la imagen de Dios, y esa imagen es igualmente restaurada a través de la fe en Jesucristo. Ella será en la semejanza de Cristo en la misma medida como cualquier hombre cuando vea a su Señor cara a cara (1 Co. 13:12). Pero su papel en este mundo temporal es someterse a la dirección del hombre, a quien Dios dio dominio.

Como una defensa adicional de esa verdad, Pablo señala que "el varón no procede de la mujer, sino la mujer del varón" (1 Co. 11:8). Adán fue creado primero y se le dio dominio sobre la tierra antes de que la mujer fuera formada de él. Adán le dio el nombre de "varona, porque del varón fue tomada" (Gn. 2:23; vea 1 Ti. 2:11-13).

La mujer fue creada no solo del hombre, sino también para el hombre: "Y tampoco el varón fue creado por causa de la mujer, sino la mujer por causa del varón" (1 Co. 11:9). Ella no es ni intelectual, ni moral, ni espiritual ni funcionalmente inferior al hombre, pero singularmente procede de él. Su papel es depender de su liderazgo, protección, cuidado y ser "ayuda idónea para él" (Gn. 2:20).

En 1 Corintios 11:10 Pablo extrae una conclusión de la costumbre local antes citada: "Por lo cual la mujer debe tener señal de autoridad sobre su cabeza, por causa de los ángeles". Ahí Pablo identifica la cubierta de la cabeza de la mujer como un "símbolo de autoridad", que se refiere a "autoridad" o "poder de derecho". En otras palabras, la cubierta de la cabeza de la mujer le daba la autoridad o el derecho de orar y adorar, puesto que la cubierta demostraba su sometimiento.

Aunque eso es comprensible, ¿por qué Pablo dice que las mujeres deben tener ese símbolo "a causa de los ángeles"? Los "ángeles" a los que Pablo se refiere son los santos ángeles, los ángeles que sirven a Dios. A través de las Escrituras los santos ángeles de Dios son presentados como criaturas de gran poder, pero derivan su poder de Dios y lo someten a Él. De modo que son ejemplo principal de la subordinación correcta de las criaturas.

Esos mensajeros son los protectores de Dios para su Iglesia y mantienen custodia perpetua sobre ella. Es apropiado, por lo tanto, que una mujer presente una señal culturalmente significativa de subordinación de modo que las más sumisas de todas sus criaturas no sean ofendidas. Puesto que los ángeles estaban presentes en la creación (Job 38:7) como testigos del diseño singular de Dios para el hombre y la mujer, ellos se afligirían por cualquier violación de ese orden.

La verdad equilibrada

Si Satanás no puede persuadir a los hombres a negar o hacer caso omiso a la Palabra de Dios, intentará seducirlos a malinterpretarla y llevarla a extremos a los que el Señor nunca había pretendido. Para que los hombres no abusen de su autoridad sobre las mujeres, Pablo les recuerda de su igualdad y dependencia mutua: "Pero en el Señor, ni el varón es sin la mujer, ni la mujer sin el varón; porque así como la mujer procede del varón, también el varón nace de la mujer; pero todo procede de Dios" (1 Co. 11:11-12). La autoridad del hombre sobre la mujer le es delegada por Dios para que sea usada para su propósito y según su norma. Como compañero de creación, el hombre no posee superioridad innata sobre la mujer ni tiene el derecho de usar su autoridad ni tiránica ni egoístamente. *El chovinismo masculino no es más bíblico que el feminismo.* Ambos son perversiones del plan de Dios.

Como hemos aprendido de Gálatas 3:28, todo creyente ya sea hombre o mujer, está en el Señor y en igualdad bajo Él. Su papel difiere en función, pero no en espiritualidad o en importancia. Es por eso que Pablo dice: "Ni la mujer es independiente del hombre, ni el hombre es independiente de la mujer". Hombres y mujeres se complementan en todo sentido, pero particularmente en la obra del Señor funcionan juntos como un equipo divinamente ordenado. Se sirven el uno al otro y sirven el uno con el otro. La autoridad correcta del hombre no lo hace independiente de la mujer, ni su correcta subordinación la hace solo independiente. El uno no es independiente del otro. Son mutuamente dependientes.

Dios creó a la primera mujer del hombre, pero desde entonces todo hombre nace a través de una mujer (1 Co. 11:12). Esa es la sabia armonía y el equilibrio de la gracia de Dios.

Aunque las mujeres no deben ser maestras de los hombres, son normalmente las más influyentes formadoras de hombres. El concebir y criar a los niños salva a las mujeres de cualquier pensamiento de ocupar una posición inferior a la de los hombres (1 Ti. 2:15). Como madres tienen un papel indispensable en entrenar y desarrollar a una futura generación de hombres. Desde la concepción hasta el estado adulto un hombre depende de y es formado por su madre de una manera única y maravillosa. Y a través de la edad adulta, ya sea casado o soltero, es dependiente de mujeres en maneras y con mayor frecuencia de las que está dispuesto a admitir. En el matrimonio, los hombres no pueden ser fieles al Señor a menos que estén dispuestos a depender amorosamente de la esposa que Dios les ha dado. En la obra del Señor los hombres no pueden ser fieles a Él a menos que dependan de las mujeres a las que Él ha dado responsabilidad en la iglesia. Ellas son complementos perfectos, él es cabeza, líder y proveedor; ella la ayuda, el apoyo y la compañera.

Al reflejar la realidad del orden natural

El principio de autoridad y sumisión no solo se basa sobre la Palabra de Dios, sino también se manifiesta en su creación. La práctica cultural de que la mujer cubra su cabeza como un símbolo de subordinación al hombre es una reflexión de orden natural. Es por ello que Pablo pregunta: "La naturaleza misma ¿no os enseña que al varón le es deshonroso dejarse crecer el cabello? Por el contrario, a la mujer dejarse el cabello le es honroso; porque en lugar del velo le es dado el cabello" (1 Co. 11:14-15).

Hombres y mujeres poseen distintivos fisiológicos. Una diferencia manifiesta es el proceso del crecimiento del cabello. El cabello de la cabeza se desarrolla en tres etapas: formación y crecimiento, reposo, y caída. La hormona masculina llamada testosterona acelera el ciclo de modo que los hombres alcanzan la tercera etapa antes que las mujeres. La hormona femenina llamada estrógeno hace que el ciclo permanezca en la primera etapa por un período de tiempo más largo, haciendo que el cabello de las mujeres crezca más largo que el de los hombres. Las mujeres raramente se quedan calvas porque pocas llegan a la tercera etapa. Esta fisiología se refleja en la mayoría de las culturas del mundo cuando las mujeres llevan el cabello más largo que los hombres.

El cabello hermoso es "una gloria", el regalo especial de Dios para manifestar la suavidad y la ternura de una mujer. Este, como la cubierta para la cabeza en Corinto, es un símbolo de subordinación al hombre y, por lo tanto, un reflejo del orden divino. La belleza singular de una mujer es gloriosamente manifestada en la particular feminidad manifiesta mediante su peinado y su sensibilidad a otras apropiadas costumbres femeninas de su sociedad. De modo que tanto la naturaleza como la práctica general reflejan el principio universal de Dios del papel de la autoridad del hombre y del papel de la subordinación de la mujer.

En las culturas donde el uso del velo o sombrero no simbolizan sumisión, esta práctica no debe requerirse de los cristianos. Pero el cabello y el vestido de la mujer deben ser manifiestamente femeninos. No debe existir confusión con respecto a la identidad del hombre y de la mujer puesto que Dios ha hecho los sexos diferentes, tanto en fisiología como en papel y relaciones. Él quiere que los hombres sean masculinos, que sean responsables y amorosamente autoritarios. Dios quiere que las mujeres sean femeninas, que sean responsables y amorosamente sumisas.

El asunto de la ilustración cultural de Pablo es que debemos identificarnos con los símbolos de nuestra sociedad en lo que respecta a la masculinidad y la feminidad (a menos que, por supuesto, violen las Escrituras). Tales símbolos pueden ser fácilmente discernibles. Con frecuencia podemos determinar por la apariencia de una mujer si se está rebelando contra todo lo que el ser mujer representa, o si un hombre es afeminado y niega todos los símbolos reconocidos de la masculinidad.

En resumen:

> El género no debe ser confundido en una reunión de adoración. Es una ofensa a Dios (es por eso que la homosexualidad y el travestismo son "abominación" al Señor) y es de importancia... a los ángeles (v. 10), quienes también están presentes en nuestros cultos. La diferencia de géneros debe reconocerse visiblemente (¡el sexo de un adorador debe ser perfectamente obvio a la persona que se sienta en el banco de atrás!) Para la mujer, eso expresa su aceptación de la responsabilidad gubernamental masculina dentro de la asamblea. Para el hombre, expresa su reconocimiento de la necesidad de someterse a la autoridad de Cristo mientras cumple su papel en la iglesia (J. David Pawson, *Leadership is Male* [El liderazgo es masculino] [Nashville: Thomas Nelson, 1990], 79).

Como en casi cada edad y en cada iglesia desde entonces, algunos creyentes en Corinto no estaban satisfechos con el diseño de Dios y querían descartarlo o modificarlo para adaptarlo a su agenda. Pablo anticipó la objeción de ellos en sus enseñanzas. Sabía que algunos se inclinarían a "ser contenciosos" (1 Co. 11:16), pero no podía decir nada más conveniente de lo que ya había dicho: Las mujeres deben someterse a los hombres porque eso demuestra la relación entre Cristo y Dios (v. 3), la sensibilidad a su sociedad (vv. 4-6), el orden y el propósito de su creación (vv. 7-9, 11-12), la consideración de la presencia de los ángeles (v. 10), y las verdades observables de la fisiología natural (vv. 13-15).

Segunda parte
El diseño de Dios para el matrimonio

Capítulo 3

El matrimonio tal y como fue diseñado

Durante la campaña presidencial de 1992, el ex vicepresidente norteamericano Dan Quayle ocupó los principales titulares de la nación cuando acusó a los productores de un popular programa de televisión de promocionar la maternidad fuera del matrimonio, en uno de sus programas. Sus comentarios dieron lugar a un debate nacional sobre "valores morales en la familia" y a muchos análisis del estado de la familia norteamericana. Hay algo claro, somos testigos de la muerte de la familia tradicional donde el esposo es el único proveedor y la esposa permanece en la casa para administrar los asuntos del hogar y criar a los hijos. La infidelidad marital, el pecado sexual, la homosexualidad, el aborto, la liberación de la mujer, la delincuencia y la revolución sexual en general, todo ello ha contribuido a la defunción de ese tipo de familia.

Durante los últimos veinticinco años algunos sociólogos y psicólogos creen que el matrimonio debe ser radicalmente cambiado o eliminado del todo. Esa clase de pensamiento "iluminado" está basado en la noción de que el matrimonio no ha logrado llenar las necesidades de las personas, y que hombres y mujeres ya no necesitan semejante institución para vivir una vida productiva y satisfecha. Pero el matrimonio no ha fracasado, es que más y más personas lo están evitando. Y de aquellos que contraen matrimonio, la mitad a la postre sucumbe en vez de realizar el esfuerzo constante y la determinación necesaria para hacer que su matrimonio tenga éxito.

Incluso pensadores seculares observaron esa tendencia hace más de veinte años:

> La institución del matrimonio ciertísimamente está en un estado incierto. Si del cincuenta al setenta y cinco por ciento de coches de la Ford o la General Motors se rompieran completamente dentro de los primeros años de su fabricación, se tomarían medidas drásticas. No tenemos una manera lo suficientemente bien organizada para tratar con nuestras instituciones sociales, de modo que las personas van a tientas, más o menos ciegamente, para encontrar alternativas al matrimonio (el cual es menos de un cincuenta por ciento exitoso). Vivir juntos si están casados, vivir en comunas, centros de guardería infantil extensos, monogamia en serie (con un divorcio detrás de otro), el movimiento de la liberación de la mujer para establecer a la mujer como una persona en su propio derecho, nuevas leyes de divorcio que acaban con el concepto de culpa, estos van a tientas hacia alguna nueva forma de relación entre hombre y mujer para el futuro. Requerirá un hombre más audaz que yo para predecir lo que surgiría (Carl Rogers, *Becoming Partners: Marriage and its Alternatives* [Convirtiéndose en pareja: El matrimonio y sus alternativas] [Nueva York: Dell, 1973], 11).

Lo que ha ocurrido es que el matrimonio está hoy en peor situación que nunca gracias a los fracasados experimentos sociales. En la edición del 8 de junio de 1992 de la revista *Newsweek,* Joe Klein nos pone al día con estos hechos que obligan a reflexionar:

> Muchos de los estadounidenses… se han medido a sí mismos (concientemente o no) tomando a Ozzie y Harriett [Una serie de la televisión norteamericana que intentaba presentar a una familia ideal] "como criterio o a alguna imagen reluciente de gloria nuclear, y se han quedado cortos… Solo cerca de una tercera parte de las familias norteamericanas estructuralmente se asemejan en estos días a los Nelson. El índice de divorcios permanece, obstinadamente, en uno de cada dos matrimonios. El número de nacimientos fuera del matrimonio se ha triplicado desde 1970. Esa cifra está entre las más elevadas en el mundo "desarrollado". Un bufé nauseabundo de disfunciones ha acompañado esas tendencias: una explosión de abuso infantil, crimen, discapacidad en el aprendizaje, dependencia de la asistencia social, ponle el nombre que desees a su patología…
>
> Entonces están las cosas de las que Dan Quayle no habla: el atractivo de los excesos, la avalancha de la burda propaganda, comprar es más importante que dar, tener es más importante que ser parte de algo.

Con frecuencia parece que las estériles ceremonias de consumismo son los rituales más profundos que los norteamericanos comparten como pueblo...

El desastre que ha alcanzado a las familias norteamericanas ha sido más silencioso, más difuso, pero a medida que las estadísticas se filtran, los informes de víctimas de la revolución sexual, incontrovertible... Karl Zinsmeister, un erudito en el *American Enterprise Institute* (Instituto de Iniciativas Norteamericana) [dice]: "las estadísticas son monolíticamente preocupantes. Ninguna de esas circunstancias: divorcios, familias de padres solteros, familias de padrasto o de madrasta, son saludables. No hay precedente de lo que ha sucedido en cualquier otro tiempo, en cualquier otro lugar"...

Las cifras son aterradoras. Existe una elevada correlación entre los hogares trastornados y casi cualquier problema social imaginable. Según la investigación acumulada por Zinsmeister, más del ochenta por ciento de los adolescentes en los hospitales psiquiátricos proceden de familias fracturadas. Aproximadamente tres de cada cuatro suicidios entre adolescentes "ocurren en familias donde el padre o la madre ha estado ausente". Un estudio realizado por Douglas A. Smith y G. Roger Jaroura en 1988, muestra que "el porcentaje de hogares con solo el padre o la madre en casa con hijos [adolescentes]... está significativamente asociado con los índices de crímenes violentos y robos ("Whose Values?" [¿De quiénes son los valores?], 19-21).

Si eso es lo que nos han traído los últimos veinte años ¿qué nos traerán los próximos veinte? ¿Puede la vida tal como la conocemos ponerse peor? Hace veinte siglos el apóstol Pablo dijo que empeoraría:

> También debes saber esto: que en los postreros días vendrán tiempos peligrosos. Porque habrá hombres *amadores de sí mismos, avaros... implacables, calumniadores, intemperantes, crueles, aborrecedores de lo bueno, traidores, impetuosos, infatuados, amadores de los deleites más que de Dios...* más los malos hombres y los engañadores irán de mal en peor, engañando y siendo engañados (2 Ti. 3:1-4, 13, cursivas añadidas).

Note que las principales características de los últimos días son un abrumador egoísmo y un asombroso desenfreno, esas son ciertamente características de nuestro tiempo. Nuestra sociedad orientada al entretenimiento ayuda a alimentar toda clase de ilusiones con respecto a la realidad. La fantasía de la perfecta relación romántica y sexual, el perfecto estilo de vida, y el cuerpo perfecto todos resultan inalcanzables porque la realidad nunca vive a la altura de las expectativas. La peor tormenta entra por la relación marital. Cuando dos personas no pueden vivir a la altura de las expectativas de cada uno, buscarán su fantaseada satisfacción en la próxima relación, la próxima experiencia, la próxima emoción. Pero ese paso solo conduce a la autodestrucción y a la soledad.

Pablo menciona dos inquietudes que más directamente destruyen la familia: "desobediencia a los padres" y "sin afecto natural", que podría traducirse "sin afecto a la familia". Hogares caracterizados por una falta de amor y desobediencia están condenados a producir hijos faltos de respeto y de una perspectiva correcta de la autoridad. Y estamos viendo el resultado en el aumento de la delincuencia, el suicidio y enfermedades mentales. A la postre todo pecado debilita las relaciones entre esposo y esposa, padres e hijos y hermanos y hermanas.

Puesto que las familias son los componentes esenciales de la sociedad humana, una sociedad que no protege la familia erosiona su propia existencia. Cuando la familia desaparece, la anarquía es el resultado lógico, y es ahí hacia donde nos dirigimos. Ahora, más que nunca, es el tiempo de que los cristianos declaren y exhiban lo que Biblia enseña: El criterio de Dios para el matrimonio y la familia es el *único* criterio que puede producir significado, felicidad y satisfacción.

Si hemos de impactar al mundo con ese criterio, debemos ser diferentes. Dios nos ha llamado a ser sal y luz en esta sociedad entenebrecida y decadente. Nuestra responsabilidad es vivir una vida más elevada, un nuevo modo de pensar, una nueva manera de actuar, una nueva manera de vivir, "andar de una manera digna de la vocación con que hemos sido llamados... revestirnos del nuevo hombre, que en la semejanza de Dios ha sido creado en justicia y santidad de la verdad (Ef. 4:1, 24). No podemos pensar como el mundo piensa, actuar como el mundo actúa, hablar como el mundo habla o poner las metas que el mundo pone, tenemos que ser diferentes. La esperanza final de la humanidad es que al ver esas diferencias los inconversos sean atraídos a Jesucristo.

El apóstol Pablo y la iglesia en Éfeso confrontaban una cultura sumergida en ritos y tradiciones paganas. En la sociedad griega la vida era difícil especialmente para las esposas. Era común tener concubinas y el papel de la esposa era simplemente dar a luz hijos legítimos y cuidar la casa. La prostitución tanto masculina como femenina era desenfrenada. Los maridos generalmente encontraban gratificación sexual con concubinas y prostitutas, mientras que las esposas, a menudo con el beneplácito de sus maridos, encontraban satisfacción sexual con sus esclavos, tanto varones como hembras. La prostitución, la homosexualidad, y muchas otras formas de promiscuidad y perversión sexual resultaban inevitablemente en un continuado abuso sexual de los niños. La sociedad romana era igual de malvada. El matrimonio era poco más que una prostitución legalizada y el divorcio era una formalidad que se conseguía fácilmente.

En el marco de un mundo tan inmoral como ese, Pablo amonestó a los creyentes en Éfeso mediante el elevado y original criterio divino para el matrimonio establecido por Dios: "Porque el marido es cabeza de la mujer, así como Cristo es cabeza de la iglesia, la cual es su cuerpo, y él es su Salvador. Así que, como la iglesia está sujeta a Cristo, así también las casadas lo estén a sus maridos en todo. Maridos, amad a vuestras mujeres, así como Cristo amó a la iglesia, y se entregó a sí mimo por ella" (Ef. 5:23-25). La relación entre un esposo y su esposa debe ser santa e indisoluble tal como la relación de Cristo con la Iglesia.

Para que esa clase de relación sea una realidad, Cristo debe ocupar el centro. Los principios para el matrimonio, aunque beneficiosos para los inconversos, tendrán para ellos una aplicación limitada. Solo los que pertenecen a Dios a través de la fe en su Hijo comprenderán plenamente y aplicarán el poder y el potencial de esos principios. Estar sujetos el uno al otro encuentra su poder y su efectividad solo en el temor de Cristo (v. 22). La familia solo puede ser aquello para lo que Dios la ha diseñado cuando los miembros de la familia son lo que Dios ha diseñado que ellos sean, "conformes a la imagen de su Hijo" (Ro. 8:29).

Directrices divinas para las esposas

Con frecuencia las esposas llevan lo peor de Efesios 5:22-23, aunque la mayor parte del pasaje trata con la actitud y las responsabilidades del marido hacia su esposa. Estoy seguro de que Efesios 5:22: "Las casadas estén sujetas a sus maridos, como al Señor" está grabado en granito en muchos hogares. Hay una tendencia de parte de los hombres de agarrar a sus esposas y gritarles "¡sométete!" Pero es interesante notar que el verbo traducido "someteos" tiene una fuerza suave puesto que realmente no aparece en el texto griego, su significado está implícito y es tomado del versículo 21. Pablo manda a cada uno a someterse el uno al otro en el temor del Señor y, como primer ejemplo, la esposa debe someterse a su propio esposo.

Ya se señaló en el capítulo anterior que "estar sujeto" se refiere a renunciar a los derechos de uno. En manera alguna implica una diferencia en esencia o valor. Se refiere, sin embargo, a la sumisión voluntaria de uno mismo. Esposas, la sumisión debe ser la respuesta voluntaria a la voluntad de Dios, una decisión a renunciar a tus derechos y entregarlos a otros creyentes en general y ordenar la autoridad en particular, en este caso tu propio esposo.

Pablo no da un mandato a la esposa a obedecer a su esposo, como manda a los hijos y esclavos a obedecer a sus padres y a sus amos (6:1, 5). El esposo no debe tratar su esposa como esclava, con mandatos en forma de ladridos. Deben, más bien, tratar a su esposa como igual, asumiendo sus responsabilidades dadas por Dios de cuidar, proteger y proveer para ella. De igual manera, la esposa cumple la responsabilidad que Dios les dio cuando voluntariamente se somete a su propio esposo. Eso refleja no solo la profundidad de intimidad y la vitalidad en sus relaciones, sino también el sentido de pertenencia que una esposa tiene hacia su esposo.

Tanto la posesividad como la sumisión mutua de la relación entre el esposo y la esposa es hermosamente expresada en la primera epístola de Pablo a los Corintios, donde deja claro que las relaciones físicas y las obligaciones no son unilaterales: "El marido cumpla con la mujer el deber conyugal, y asimismo la mujer con el marido. La mujer no tiene potestad sobre su propio cuerpo, sino el marido; ni tampoco tiene el marido potestad sobre su propio cuerpo, sino la mujer" (1 Co. 7:3-4). El marido no posee a su esposa más de lo que ella lo posee a él. Él no es superior y ella no es inferior, se pertenecen el uno al otro.

En un pasaje paralelo con Efesios 5:22, Pablo dice: "Casadas, estad sujetas a vuestros maridos, como conviene en el Señor" (Col. 3:18). Pablo usa el mismo vocablo griego (*aneko*) traducido en Filemón v. 8 "lo que conviene", refiriéndose a algo que tiene "fuerza de ley". La sumisión de la esposa a su esposo tiene fuerza de ley, ese era el criterio aceptable en la sociedad. Cuán irónico es que un criterio como ese, aceptado a través de la historia, sea tan completamente cuestionado en este siglo.

Efesios 5:22 concluye que una esposa debe estar sujeta a su esposo "como al Señor". Todo lo que hacemos por el Señor ha de hacerse, en primer lugar, para su gloria y para agradarle a Él (1 Co. 10:31). De modo que cuando nos sometemos a otros, ya sea en sumisión mutua o en autoridad funcional, lo hacemos porque es la voluntad del Señor y a la postre la sumisión es a Él. Una esposa que debidamente se somete a su esposo se somete al Señor.

¿Por qué? "Porque el marido es cabeza de la mujer, así como Cristo es cabeza de la iglesia, la cual es su cuerpo, y él es su Salvador" (Ef. 5:23). La cabeza da las órdenes, no las da el cuerpo. Cuando un cuerpo físico responde adecuadamente a la mente, está bien coordinado. Pero si el cuerpo no responde está paralizado. Del mismo modo, una esposa que no responde adecuadamente a la dirección de su marido manifiesta una seria disfunción espiritual. Una esposa que responde voluntaria y amorosamente, sin embargo, honra a Dios, a su esposo, a su familia, a su iglesia y a sí misma. Además, se convierte en un hermoso testimonio del Señor delante de un mundo vigilante.

Recuerde que la sumisión de la esposa requiere una participación sensata: una simple y apática e indiferente sujeción no es deseable si llegara a realizarse. La agilidad mental, el discernimiento moral claro, el instinto refinado de una esposa hacen de ella una consejera cuya influencia es incalculable y casi sin límite" (Charles R. Erdman, *The Epistle of Paul to the Colossians and to Philemon* [Las epístolas de Pablo a los colosenses y a Filemón] [Filadelfia: Westminster, 1966], 103). Eso solo es apropiado de quien fue creado para ser el complemento ideal y ayuda para su compañero (Gn. 2:18).

Puesto que Cristo es "el Salvador del cuerpo" (Ef. 5:23), Él es el Perfecto proveedor, Protector y Cabeza de su Iglesia. De modo que Él se convierte en perfecto modelo de conductor para el esposo que debe ser el proveedor y protector de su esposa. Las esposas son nada más que coproveedoras y coprotectoras con sus esposos así como la iglesia ha de tener ese papel junto con Cristo. La esposa debe florecer bajo la provisión y la protección de su esposo. Ese es el patrón ordenado por Dios. Cuando le seguimos, nuestro hogar es más feliz, nuestros hijos más piadosos y habrá menos divorcios. Dios será honrado, y su Palabra no será blasfemada.

Finalmente, el versículo 24 dice que la esposa debe someterse a su esposo "en todo". Hay una sola excepción: si su esposo le dice que haga algo contrario a las Escrituras, ella tiene que obedecer a Dios (vea Hch. 5:29). La clave para ser esa clase de esposa es estar "llena del Espíritu" (Ef. 5:15), que es equivalente a permitir que "la Palabra de Cristo more en abundancia en vosotros" (Col. 3:16).

Elisabeth Elliot, escribiendo sobre "La esencia del feminismo" ofrece un resumen adecuado del ideal de Dios para las esposas:

Contrario a Eva, cuya respuesta a Dios fue calculadora y egoísta, la respuesta de la Virgen María no contiene ninguna vacilación acerca de riesgos o pérdidas ni de la interrupción de sus propios planes. Es una completa e incondicional entrega: "He aquí la sierva del Señor; hágase conmigo conforme a tu palabra" (Lc. 1:38). Esto es lo que entiendo que es la esencia de la feminidad. *Significa entrega.* Piensa en una novia. Ella rinde su independencia, su nombre, su destino, su voluntad, su propia persona al futuro esposo en el matrimonio... el espíritu gentil y tranquilo del que Pedro habla, llamándolo "de gran estima delante de Dios" (1 P. 3:4), es el verdadero feminismo que encontró su epítome en María (John Piper, *Recovering Biblical Manhood and Womanhood* [Cómo recuperar la masculinidad y la feminidad] [Wheaton, Ill.: Crossway, 1991], 398, 532, cursivas añadidas).

Directrices divinas para los esposos

Después de dar las directrices divinas para el liderazgo del esposo y la sumisión de la esposa, Pablo dedica los próximos nueve versículos para explicar la responsabilidad del esposo de someterse a su esposa a través de su amor por ella: "Maridos, amad a vuestras mujeres, así como Cristo amó a la iglesia..." (Ef. 5:25). Claramente ningún ser humano pecador tiene la capacidad de amar con la perfección divina con la que Cristo ama a la iglesia. Pero los creyentes poseen la misma naturaleza de Cristo y al Espíritu Santo, de modo que el esposo puede amar a su esposa con una medida de la misma clase de amor de Cristo. El modelo del amor de Cristo por su iglesia es el modelo del amor del esposo por su esposa, y se manifiesta de cuatro maneras.

Amor dispuesto al sacrificio

Cristo amó a la iglesia, "dándose a sí mismo por ella". Romanos 5:7-8 nos habla de la profundidad del amor de Cristo por la iglesia: "Ciertamente, apenas morirá alguno por un justo; con todo, pudiera ser que alguno osara morir por el bueno. Más Dios muestra su amor para con nosotros, en que siendo aún pecadores [y también enemigos, v. 10], Cristo murió por nosotros". Nadie merece la salvación, ni el perdón, ni un lugar en el reino de Dios, pero Cristo hizo el más grande sacrificio por las personas más indignas. El contraste es del todo increíble: Un Dios absolutamente Santo y Justo hizo el más grande y sublime sacrificio por las personas más viles. Esposos, no me habléis acerca de los problemas de vuestras esposas que hacen difícil amarlas, vosotros no estáis tan lejos de vuestras esposas como lo estaba Dios de los pecadores, aún así Él los amó.

Tu esposa puede ser una pecadora, pero también lo eres tú. No pierdas esa perspectiva.

Los hombres que justifican sus dificultades matrimoniales afirmando que ya no aman a su esposa están desobedeciendo el mandamiento de Dios. Por otro lado, escuché de un hombre que temía que amaba demasiado a su esposa. Cuando se le preguntó si la amaba tanto como Cristo amó a la iglesia contestó: "no, no tanto como eso". Su amigo le contestó: "entonces mejor es que la ames más". El criterio divino del amor es infinitamente alto.

En contraste, el mundo ama con un amor orientado al objeto: Todo depende de la forma de un objeto o de su personalidad. Tiende a ser exclusivista y ultra selectivo, pecados que pueden influir aún en los cristianos (p. ej. Santiago 2:1-13).

Cuando tales personas desean un compañero o compañera, van en pos del atractivo físico, personalidad, humor, prestigio, o alguna otra característica positiva. Pero ese amor es necesariamente voluble porque en el momento en el que la característica que lo motivó desaparezca o pierda su atractivo, el amor desaparece. Muchos matrimonios se desbaratan simplemente porque la relación estaba basada en esa clase de amor. El amor de Dios es diferente. En primer lugar, "porque no hay acepción de personas para con Dios" (Ro. 2:11), y en segundo lugar, Él no espera que el objeto sea digno. Es su naturaleza amar aquello que ha creado. Juan 3:16 dice: "Porque de tal manera amó Dios al mundo". Si Dios fuera a amar algo sobre la base de su belleza innata, no habría sido el mundo. El mundo odia a Dios, pero aún así Dios ama al mundo.

Porque Dios dio a sus hijos la capacidad de amar como Él ama, Él puede exigir su amor de ellos. Eso significa que el amor es una selección que hacemos, es un acto de nuestra voluntad como lo es de nuestro corazón. Maridos, las Escrituras no ordenan a que amen a su esposa porque ella lo merece, sino amarla aunque no lo merezca. El amor no es una cuestión de atracción. Es un mandamiento comprometedor de Dios. Cuando eliges amar a alguien que ya no es atractivo o atractiva para ti, él o ella pronto se volverá atractivo. Amar como Cristo ama no depende de lo que otros son en sí mismos, sino totalmente de lo que somos en Cristo.

Eso no significa que debemos ignorar la importancia que tiene la belleza, la bondad, la gentileza o cualquier otra cualidad positiva o virtud que la esposa tenga para generar la admiración de su esposo. Pero aunque esas cualidades traen gran bendición y disfrute, no son el vínculo del matrimonio. Si cada característica atractiva y virtud de la esposa llegaran a desaparecer, un esposo todavía está bajo la obligación de amarla. De hecho está bajo mayor obligación porque su necesidad del poder salvador y restaurador de su desinteresado amor es aún mayor. Esa es la clase de amor que Cristo tiene para su Iglesia y es, por lo tanto, la clase de amor que todo esposo cristiano debe tener por su esposa.

El amor, tal como Dios lo define, es mucho más una acción que una emoción (vea Jn. 13:3-34; 1 Co. 13:4-7). El mundo dice: "Cuando el sentimiento cesa, el amor termina". Esa clase de "amor" crea una monogamia consecutiva. Eso no es el amor de la Biblia. El amor divino es un acto de sacrificio desinteresado. Cuando amas de esa manera, harás lo que es necesario sin contar el costo ni analizar el mérito de la necesidad. Y tu amor continuará llenando la necesidad sin importar si es recibido o rechazado, apreciado o resentido.

El esposo que ama a la esposa como Cristo ama a su Iglesia dará todo lo que tiene por su esposa, incluyendo su vida si es necesario. Aunque la mayoría de los esposos dan asentimiento verbal a eso (ya que esa posibilidad es tan remota para la mayoría de los esposos), especularía que es mucho más difícil hacer sacrificios menores, pero reales, por ella. Maridos, cuando ponen sus propios gustos, deseos, opiniones, preferencias y bienestar a un lado para agradar a su esposa y satisfacer sus necesidades, entonces verdaderamente están muriendo a su ego para vivir para su esposa. Y eso es lo que el amor de Cristo exige.

Para recordarme a mí mismo regularmente lo que significa manifestar el amor sacrificial, mantengo sobre mi escritorio las siguientes palabras de un autor anónimo:

> Cuando eres olvidado o desatendido o deliberadamente relegado a la nada, y te pica y duele con el insulto del olvido, pero tu corazón está feliz, al ser considerado digno de sufrir por Cristo, eso es morir al yo. Cuando se habla mal de tu bien, cuando tus deseos no se cumplen, tu consejo es ignorado, tus opiniones ridiculizadas y rehúsas permitir que la ira inunde tu corazón, o incluso autodefenderte, pero lo observas todo con amor paciente y silencioso, eso es morir al yo. Cuando amorosa y pacientemente sufres cualquier desorden, cualquier irregularidad, o cualquier molestia, cuando puedes ponerte frente a frente con lo baldío, lo insensato, lo extravagante, lo espiritualmente insensible, y sufrirlo como lo sufrió Jesús, eso es morir al yo. Cuando estás contento con cualquier alimento, cualquier ofrenda, cualquier vestido, cualquier clima, cualquier sociedad, cualquier actitud, cualquier inte-

rrupción por la voluntad de Dios, eso es morir al yo. Cuando no te importa referirte a ti mismo en una conversación, ni registrar tus propias buenas obras, ni ir en búsqueda de distinciones, cuando verdaderamente amas ser un desconocido, eso es morir al yo. Cuando ves que tu hermano prospera y tiene sus necesidades cubiertas y puedes regocijarte honestamente con él en espíritu y no sentir envidia ni cuestionar a Dios, mientras tus propias necesidades son mucho mayores y en circunstancias agobiantes, eso es morir al yo. Cuando puedes recibir corrección y reprensión de alguien de menor rango que tú, puedes someterte humildemente tanto en lo interior como en lo exterior, sin encontrar que ni rebelión ni resentimiento inundan tu corazón, eso es morir al yo.

Pablo dice que el amor "...no busca lo suyo" (1 Co. 13:5). Esposos, mientras estén buscando qué pueden sacar del matrimonio, nunca sabrán lo que significa amar a su esposa como Cristo amó a la Iglesia. Procuren mejor saber lo que pueden dar: Deben estar dispuestos a hacer sacrificios personales por su esposa, considerando sus necesidades e intereses antes que los de ustedes propios (Fil. 2:3-4).

Amor purificante

Cristo amó a la Iglesia con amor sacrificial con esta meta en mente: "para santificarla, habiéndola purificado en el lavamiento del agua por la palabra, a fin de presentarla a sí mismo, una iglesia gloriosa, que no tuviese mancha ni arruga ni cosa semejante, sino que fuese santa y sin mancha" (Ef. 5:26-27). Ese es un amor purificante, que nos enseña esta verdad básica: Cuando ames a alguien, la pureza de esa persona es tu meta. No puedes amar a una persona y al mismo tiempo querer profanarla.

El gran amor de Cristo por su Iglesia no le permite contentarse con cualquier pecado, con cualquier impureza ya sea moral o espiritual. Pero Él sencillamente no condena lo malo en aquellos a los que ama. Él procura limpiarlos de todo mal. A medida que continuamos confesando nuestros pecados, Cristo "es fiel y justo para perdonar nuestros pecados y limpiarnos de toda maldad" (1 Jn. 1:9).

El amor solo quiere lo mejor para aquel al que se ama y no puede soportar que el ser amado sea corrompido o engañado por cualquier cosa mala o dañina. ¿Sabía usted que el matrimonio con su esposa la purificó, sacándola del mundo y alejándola de su pasado? Cualquier relación que haya tenido, cualquier indulgencia en la que estuvo implicada, al casarse el matrimonio la separa y la purifica. Si verdaderamente usted ama a su esposa, hará todo lo que pueda para mantener la santidad, la virtud y la pureza de ella. Eso obviamente significa no hacer nada que la profane. No la exponga ni la deje que se de el gusto de participar en cosa alguna que traiga impureza a su vida. No la tiente a pecar, por ejemplo, metiéndola en un argumento sobre un tema del que usted sabe que ella es sensible. Una situación todavía peor es un esposo que coquetea con su secretaria o con una vecina. Si usted hace eso le da a su esposa razón para sentirse rechazada y sola, y tal vez ella misma comience a coquetear con otros. Lo que ha hecho es poner en peligro no solo la propia pureza moral de usted, sino también la de su esposa y comparte la responsabilidad de cualquier indiscreción o inmoralidad en la que ella podría sucumbir a la tentación. El amor procura siempre purificar.

En la antigua Grecia, la futura esposa era llevada a un río para ser bañada y limpiada ceremonialmente de toda la contaminación de su vida pasada. Eso le permitía entrar en el matrimonio sin ninguna mancha moral o social, era simbólicamente pura. Pero la limpieza que Cristo efectúa en los creyentes no es ni ceremonial ni simbólica. Es real y completa. Él ha limpiado a la iglesia "en el lavamiento del agua por la palabra, a fin de presentársela a sí mismo, una iglesia gloriosa, que no tuviese mancha ni arruga ni cosa semejante, sino que fuese Santa y sin mancha" (Ef. 5:26-27). La gracia salvadora hace a los creyentes santos a través del agente limpiador de la Palabra de Dios, para que puedan ser presentados a Cristo como su novia santificada para habitar para siempre en su amor. Es con ese mismo propósito y con ese mismo amor que el esposo debe cultivar la pureza, la justicia y la santidad de su esposa.

Amor solícito

Otro aspecto del amor divino es el siguiente: "Así también los maridos deben amar a sus mujeres como a sus mismos cuerpos. El que ama a su mujer, a sí mismo se ama. Porque nadie aborreció jamás a su propia carne, sino que la sustenta y la cuida, como también Cristo a la iglesia" (vv. 28-29).

Maridos, invertimos mucho tiempo en nuestro cuerpo. Nos arreglamos diligentemente, comemos los mejores alimentos, hacemos deportes cuando podemos, y vestimos ropa atractiva. Después de todo, ¡el cuerpo de un cristiano es el templo del Espíritu Santo! (1 Co. 6:19). Ciertamente no queremos deslucirlo, de modo que lo cuidamos muy bien o al menos lo intentamos. Cuando nuestro cuerpo tiene necesidades, las satisfacemos. Su esposa también tiene necesidades y usted debe buscarle solución a esas necesidades con la misma diligencia. Tenemos un sentido de bienestar cuando estamos saludables, y cuando satisfacemos las necesidades de nuestra esposa con el mismo cuidado y preocupación que nos dedicamos a nosotros mismos, también experimentamos un sentido de bienestar como un derivado de nuestro amor.

El esposo que ama a su esposa como Cristo ama a la iglesia no pensaría en hacer algo para dañarla como tampoco se le ocurriría dañar su propia carne. Su deseo es alimentarla y darle cariño tal como "sustenta y cuida" su propio cuerpo, porque esa es la manera como Cristo cuida a su iglesia.

Cuando su esposa necesite fortaleza, déle fortaleza. Cuando necesite ánimo, déselo. Lo que ella necesite, usted tiene la obligación de suplirlo lo mejor que pueda. No olvide: Usted es el proveedor y el protector divinamente ordenado, pero si esa responsabilidad alguna vez lo desespera, recuerde que Dios es *su* proveedor y protector. Él lo ayudará hacer todo lo que Él requiere.

Algunos esposos consideran a su esposa como nada más que una cocinera, una niñera, una lavandera y una compañera sexual. No seas usted uno de ellos. Una esposa es un tesoro dado por Dios para ser cuidada y apreciada (vea Pr. 18:22). La palabra traducida "cuida" en Efesios 5:29 literalmente significa "calentar con el calor del cuerpo". Se usa para describir a un ave posada en su nido (Dt. 22:6). Los esposos deben proporcionar un refugio seguro, caliente, protegido para su esposa. No empuje a su esposa al mundo frío, duro y cruel.

La advertencia de Pablo a los esposos en Colosenses 3:19 es apropiada en esta coyuntura: "Maridos, amad a vuestras mujeres, y *no seáis ásperos con ellas*" (cursivas añadidas). El amor que existió desde el principio debe continuar a través del matrimonio. No debe dar paso a la amargura. Pablo estaba consciente de la tendencia de que la amargura invadiera al matrimonio, y de que el marido fuera la principal avenida, aunque no necesariamente la exclusiva, a través de la cual la amargura se infiltra.

"No seáis ásperos" podía traducirse "dejen de estar amargados" o "no tengan como hábito el estar amargados". En el único otro uso en el Nuevo Testamento, se refiere a algo con sabor amargo. No sean bruscos o resentidos hacia su esposa ni den lugar a vivir preocupado por causa de sus defectos. Ella, como tú, es vulnerable a tener muchos de ellos. Reacciona con paciencia y con amoroso liderazgo en vez de hacerlo con orgullo masculino o con ira.

¿Qué más significa? Dos comentaristas ofrecen estas útiles observaciones:

- El amor cristiano… debe tener una influencia controlante sobre el carácter y en la vida diaria. Nuestra vida con aquellos más cercamos a nosotros en el círculo familiar está sujeta a presiones y tensiones a las que fácilmente podríamos hacer caso omiso en una relación menos personal en el mundo exterior. La manera como actuamos en la intimidad del hogar y en el círculo matrimonial es una verdadera indicación de la calidad de nuestro amor como cristianos. En un insólito capricho del comportamiento humano con frecuencia podemos dañar de manera insensata aquellos a los que más amamos (Ralph P. Martin, *Colossians: The Church's Lord and the Christian's Liberty* [Colosenses: El Señor de la iglesia y la libertad cristiana] [Grand Rapids: Zondervan, 1972], 130).

- Tal como hay esposas que podrían estar unidas a hombres tiranos y poco razonables, así también hay esposos que, después del matrimonio, descubren que aquella persona que durante los días del noviazgo parecía tan dócil y cariñosa es… tan falta de razón como no fue capaz de imaginarlo. Pero aún así el esposo debe amarla y cuidarla… sin dar lugar a la ira ni al enojo… Dios sabía cuán mezquino y difícil es el comportamiento de algunas mujeres cuando le dijo a hombres buenos. "No seáis ásperos [amargos] con ellas". En el poder de la nueva vida uno puede manifestar paciencia y gracia bajo las circunstancias más difíciles (H. A. Ironside, *Lectures on the Epistle to the Colossians* [Comentarios a la Epístola a los Colosenses] [Nueva York: Loizeaux Brothers, s.f.], 158-59).

Amor inquebrantable

Para un esposo ame a su esposa como Cristo ama a su iglesia, tiene que amarla con un amor inquebrantable. En esta cita directa de Génesis 2:24, Pablo enfatiza tanto la permanencia como la unidad del matrimonio: "Por esto dejará el hombre a su padre y a su madre, y se unirá a su mujer, y los dos serán una sola carne" (Ef. 5:31). El criterio de Dios para el matrimonio no ha cambiado.

Una gran barrera para los matrimonios exitosos es el incumplimiento de uno o ambos cónyuges de "dejar… a su padre y a su madre". Con el matrimonio comienza una nueva familia, y aunque las relaciones entre el hijo y los padres continúa, esas relaciones se cortan en lo que concierne a la autoridad y a las responsabilidades. Es necesario amar y cuidar a los padres, pero usted no puede permitirles que controlen su vida ahora que está casado o casada. Como un nuevo esposo y esposa, tiene que dejar a sus padres y "unirse" [estar cementados] el uno con el otro. Rompe unos lazos y establece otros nuevos. Y no olvide que el segundo es más vinculante y permanente que el primero.

Otra barrera, e incluso más devastadora, es el divorcio. "Porque Jehová Dios de Israel ha dicho que él aborrece el repudio..." (Mal. 2:16). Lo aborrece porque destruye lo que Él ha ordenado que sea indestructible. Con la alta incidencia de divorcios en nuestra sociedad, resulta tentador para las parejas cristianas tomar una desviación de la Palabra de Dios y mirar a los llamados expertos del mundo en busca de soluciones. Pero sus remedios a menudo incentivan tanto a los esposos como a las esposas cristianas a divorciarse sin tomar en cuenta la magnitud del daño. Como cristianos, sin embargo, no debemos de apresurarnos a plantear el divorcio por errores que nuestro cónyuge haya cometido, ni aún en caso de infidelidad. Cristo ha establecido el criterio. Tal como Cristo siempre está perdonando a los creyentes, esposos y esposas siempre deben ser perdonadores el uno del otro.

Aunque Él ha hecho provisión para el divorcio en casos de adulterio continuado o impenitente (Mt. 5:31-21; 19:4-10) y la marcha del cónyuge (1 Co. 7:15), la muerte es la única causa establecida por Dios para la disolución del matrimonio. Tal como el Cuerpo de Cristo es indivisible, el ideal de Dios para el matrimonio es que este sea indivisible. Así como Cristo es uno con su iglesia, los esposos son uno con sus esposas. Por lo tanto, un esposo que daña a su esposa se daña a sí mismo, y un esposo que viola y destruye su matrimonio viola y se destruye a sí mismo. Y si nuestra sociedad nos ha enseñado algo, ha sido precisamente eso.

Pablo continúa diciendo: "Grande es este misterio; más yo digo esto respecto de Cristo y de la iglesia" (Ef. 5:32). ¿Por qué es la sumisión al igual que el amor sacrificial, purificador y bondadoso tan intensamente enfatizado en las Escrituras? Porque lo sagrado de la iglesia está unido con lo sagrado del matrimonio. El matrimonio suyo es o un símbolo o una negación de Cristo y de su iglesia.

Lo sagrado del matrimonio motiva a Pablo a concluir: "Por lo demás, cada uno de vosotros [esposos] ame también a su mujer como a sí mismo; y la mujer respete a su marido" (v. 33).

No hay ninguna declaración más definitiva del ideal de Dios para el matrimonio que esa. Cuando los esposos y esposas cristianos andan en el poder del Espíritu, se someten a su Palabra y a su control, y se someten el uno al otro, el resultado es que habrá bendiciones.

Capítulo 4

La esposa excelente en el trabajo

En años recientes una avalancha de libros ha sido publicada con respecto al feminismo y al movimiento de liberación de la mujer. En particular uno titulado *A Lesser Life: The Myth Of Women's Liberation in America* [Una vida inferior: El mito de la liberación de la mujer en Estados Unidos] (Nueva York: William Morrow and Co.; 1986), escrito por la economista Sylvia Ann Hewlett, quien podría más bien ser descrita como una nueva feminista, esencialmente se queja de la falta de sistemas de apoyo tanto público como oficial para las mujeres que trabajan. En su sección titulada "La aberrante década de los cincuenta" escribe:

> En mayo de 1983, entrevisté a Faith Whittlesey en la Casa Blanca. Para entonces era asistenta del presidente para la cooperación pública y trataba de las políticas hacia las mujeres que trabajan es este país y le expliqué con lujo de detalles cuan duro era para ellas tratar con el alumbramiento y con el cuidado de los niños en la ausencia de políticas de apoyo familiar. Whittlesey escuchó con mucha atención y trató de responder. Me dijo que Ronald Reagan estaba muy preocupado acerca del cuidado y la nutrición de los niños y que en realidad tenía un plan para esa área. El plan era derrotar la inflación y estimular el crecimiento económico para que los hombres pudieran ganar lo suficiente para el sostén de la familia. Un poco perpleja, le pregunté cómo pensaba que eso podía ayudar. "Oh", dijo Whittlesey, con una sonrisa, "el resto es fácil". Una vez que los hombres ganen el sueldo necesario para sostener la familia, todas esas mujeres pueden ir a casa y cuidar de sus niños de la manera como lo hicieron cuando yo estaba creciendo".

Todo, al parecer, se resolvía si regresáramos a los buenos tiempos de los cincuenta, cuando las madres eran amas de casa y los padres eran fieles sostenedores de la familia (p. 231).

Whittlesey estaba en lo correcto, aunque dudo que veamos a nuestra sociedad o gobierno acoger de nuevo lo que los feministas, economistas y grupo de expertos llaman un período aberrante en la historia de los Estados Unidos.

Para ayudar a sus lectores a obtener una mejor comprensión de los años cincuenta, Hewlett explica cómo este período "aberrante" tuvo lugar (pp. 231-52). Examinemos su relato.

El auge y la caída de la familia tradicional

Durante la segunda mitad del siglo diecinueve, Europa envidió los adelantos hechos por las mujeres en los Estados Unidos. Incluso en el primer tercio del siglo veinte, las mujeres en los Estados Unidos hicieron un progreso rápido. Adquirieron el derecho al voto antes de que lo hicieran las mujeres en Gran Bretaña, Francia, Italia y Suiza. La expansión económica y el acceso a la educación superior ofrecieron a las mujeres mayores oportunidades de empleo. También el divorcio y la anticoncepción se extendieron. Para finales de los treinta, las mujeres en los Estados Unidos mantenían una gran ventaja sobre sus homólogas europeas.

Cuando comenzó la segunda Guerra Mundial, surgió la gran necesidad de que las mujeres asumieran los trabajos que los soldados norteamericanos dejaron vacantes. Como resultado, casi cinco millones adicionales de mujeres entraron en la fuerza laboral durante ese período. En el año de 1945, las estadounidenses eran más poderosas que nunca antes en la historia de la nación norteamericana. Pero algo ocurrió.

El gobierno confrontó un problema de proporciones monumentales en el 1945. Después de sufrir diez años de depresión económica y cinco más de guerra devastadora, los norteamericanos querían regresar a la vida normal. Pero hubo un gran temor de que los empleos escasearan por el regreso de los soldados. De modo que las mujeres fueron animadas a regresar al hogar a través de una serie de iniciativas económicas y del gobierno. Algunas eran reactivas: las mujeres fueron despedidas de sus puestos de trabajos en doble número que los hombres y los programas del gobierno tenían iniciativas y tuvieron el mayor efecto tal como la GI Bill [Ley de ayuda al soldado] y el Highway Act [Ley de renovación de carreteras]. Hewlett explica el impacto de esas dos leyes:

La ley de ayuda al soldado proveyó para catorce millones de soldados que recibieron matrícula gratis para la universidad, dietas (que eran aumentadas en un cincuenta por ciento si tenían hijos dependientes), y préstamos a un interés extremadamente bajo (garantizados por treinta años al tres o cuatro por ciento de interés). Mientras que la ley de carreteras de 1944 canalizó mil trescientos millones de dólares de dinero público para construir una red de carreteras alrededor y entre las ciudades.

A través de la ley de ayuda al soldado los hombres se beneficiaron de un buen comienzo en el mercado de trabajo y fueron capaces de llegar a ser buenos proveedores. Tenía poco sentido para las parejas invertir en la habilidad técnica de una esposa ya que ella no podía competir con todo ese entrenamiento gratuito. En segundo lugar, puesto que los hijos dependientes eran sostenidos al menos parcialmente mediante las previsiones de la ley del soldado, esa legislación estimuló a la ejecución de matrimonios tempranos y a la procreación. ¿Por qué no aprovecharse de un sueldo gratis? Finalmente, las carreteras proporcionadas por la ley de carreteras y el financiamiento barato provisto por los préstamos a bajo costo de la ley del soldado extendió la posibilidad de vivir en una casa en los suburbios a millones de jóvenes parejas de norteamericanos (p. 243).

¿Cuál fue el resultado? Entre los años 1945 y 1955 el producto interno bruto (PIB) norteamericano sobrepasó el doble. Las mujeres se casaron a una edad más temprana. El número de nacimientos creció hasta el punto de que para finales de los años 50 el índice de crecimiento de la población era el doble del de Europa. Incluso el número de divorcios decreció. Pero para el final de la década, la familia norteamericana estaba posada al borde de un precipicio, lista para desplomarse en una caída libre que ha durado más de cuarenta años.

Motivado por una creciente oportunidad de conseguir la buena vida el hombre de los años cincuenta, sustentador de la familia cayó presa de la lucha por abrirse camino. Pero terminó quemado por su trabajo y aislado de su esposa e hijos.

La ama de casa de los años cincuenta tenía que ser la esposa perfecta, madre y ama de llaves. De ella se esperaba que fuera la única responsable de la crianza de los niños en una era de nuevas teorías permisivas con respecto a cómo hacerlo, transmitidas desde Freud a Spock. También se enamoró de la necesidad de tener un mejor estilo de vida. De modo que cuando su esposo no podía ganar lo suficiente para financiar sus sueños materialistas, ella salió a trabajar.

En la medida en la que tanto hombres como mujeres se volvieron más insatisfechos con su parte en la vida, el feminismo lanzó sus ataques contra la familia al comienzo de los años sesenta. Tanto esposos como esposas, frustrados por la falta de participación del uno en la vida del otro, comenzaron a divorciarse en cantidades sin precedentes. Entre los años 1965 y 1975 el número de divorcios se duplicó. Y los niños, víctimas de prácticas permisivas de crianza y mirando a través de la cortina de la búsqueda vacía de sus padres, se rebelaron y se volvieron a las drogas y a la contracultura para llenar el vacío de la vida de ellos.

La evaluación de Hewlett es tristemente errónea. La familia de los años cincuenta fracasó no porque las mujeres dejaron la fuerza laboral y lo que tenían y lo que podían alcanzar para convertirse en amas de casa (como los feministas querían hacernos creer). Fracasó porque el ser humano es pecador y quiere agradarse a sí mismo. Uno no puede culpar a la familia tradicional de eso. ¿Qué ha ido mal con la familia norteamericana? ¿Por qué, cuando iba tan bien, se autodestruyó? ¿Acaso hay algo de malo con el modelo bíblico para la familia? La familia norteamericana se ha estrellado por la simple razón de que era norteamericana, no bíblica. Los años cincuenta establecieron un orden familiar que solo aparentaba seguir el diseño bíblico, pero en realidad era completamente secular en su enfoque.

Como hemos aprendido en el capítulo anterior, cualquier familia o sociedad puede beneficiarse de los principios bíblicos, y muchos lo hicieron hasta el punto de que muchos de los que vivieron en esos días añoran el regreso a ellos. Aunque a la postre, solo los que por la fe en Cristo han hecho de Él el centro de su familia pueden experimentar el poder pleno y permanente de esos principios.

La necesidad nunca ha sido más importante que ahora que nuestra sociedad está comenzando un nuevo siglo. La estructura de la familia es mucho más diferente de lo que fue hace treinta y cinco años. Según la revista *Time*, "el sesenta y ocho por ciento de las mujeres con hijos menores de 18 años están en la fuerza laboral (en contraste con el veintiocho por ciento en 1960)". ("Adelante mujeres", 4 de diciembre, 1989, 85). *Megatrends for Women* [Megatendencias para mujeres] (Patricia Aburdene y John Naisbitt [Nueva York: Fawcett Columbine, 1992], 238-39) informa que la familia tradicional con el esposo como sustentador, la esposa como ama de casa, y niños ahora constituye solo el diez por ciento de las familias. En el año 1970, el cuarenta por ciento de los hogares eran parejas casadas con hijos menores de dieciocho. Para el 1991 la cifra había descendido al veintiséis por ciento. El cincuenta y tres por ciento de las mujeres con niños pequeños ahora trabaja. Para los primeros años de este siglo, la mitad de la fuerza laboral la compondrán mujeres y más del ochenta por ciento de las mujeres entre veinticinco y cincuenta y cuatro años de edad trabajarán. ¡Si le damos tiempo suficiente, no habrá nadie en casa!

Los cristianos, por lo tanto, tienen una gran oportunidad de modelar la familia ideal para nuestra sociedad en un día cuando las personas tienen tantas opciones. El apóstol Pablo estaba constantemente preocupado por que los creyentes presentaran un testimonio claro a la sociedad pagana y en su epístola a Tito se centra en las cualidades de carácter que deben ser reales en los miembros de la iglesia (2:1-10). Estudiaremos ese tema en su totalidad en un próximo capítulo, pero es importante que examinemos una enseñanza en particular: Pablo manda a las mujeres ancianas a enseñar a las jóvenes a ser "cuidadosas de sus casas" (v. 5).

El hogar es donde el corazón está

La frase "cuidadosas de su casa" es la traducción del vocablo griego compuesto *oikourgós,* que se deriva del sustantivo *oîkos* (casa) y una forma de *érgon* (trabajo). *Érgon* no se refiere simplemente al trabajo en general. A menudo se refiere a un trabajo o empleo particular. Es el vocablo que Jesús usó cuando dijo: "Mi comida es que haga la voluntad del que me envió, y que acabe su *obra*" (Jn. 4:34, cursivas añadidas). Nuestro Señor centró su vida total en el cumplimiento de la voluntad de Dios. De igual manera, una esposa debe centrar su vida en el hogar. Dios ha diseñado la familia para que sea la esfera de responsabilidad de la esposa. Eso no significa, sin embargo, que deba pasar las veinticuatro horas del día allí. La mujer en Proverbios 31 dejó su hogar cuando necesitaba comprar un campo o cuando necesitaba provisiones, pero incluso esos viajes beneficiaban a la familia. Derramó su vida por el bienestar de su familia, se levantaba de noche y se acostaba tarde por el bien de todos los miembros de la familia.

Note que Pablo no hizo ningún esfuerzo por elaborar en lo que quiso decir por "cuidadosas de casa". Eso se debe a que sus lectores estaban plenamente familiarizados con esa frase. La Mishná, una codificación antigua de la ley y la tradición judías, nos da algún entendimiento respecto de cómo era la vida de una esposa en los tiempos de Pablo. Se esperaba que ella moliera el trigo, horneara el pan, lavara la ropa, cocinara, cuidara a los niños, arreglara las camas, hilara la lana, preparara los niños para la escuela y los acompañara a la escuela para asegurar su llegada. Aunque muchas mujeres trabajan con su esposo en el campo o en una ocupación, todavía el esposo tenía la responsabilidad de proveer alimento y vestido. Si algunas mujeres trabajaban aparte de su esposo en el mercado o en algún oficio, era como una vergüenza. Una esposa, sin embargo, podía trabajar en artesanía o en horticultura en la casa y vender el producto de su trabajo. Las ganancias de su esfuerzo podían usarse para complementar el sueldo del esposo o proporcionarle a ella algún dinero para pequeños gastos. Además del trabajo en el hogar, las esposas eran responsables de la hospitalidad y del cuidado de los huéspedes, y estar activas en las obras de caridad. Las leyes judías eran claras: la prioridad de la mujer era en el hogar. Debía cuidar de todas las necesidades de su hogar, sus hijos, su esposo, los extraños, los padres y los necesitados, y los huéspedes. La esposa que cumplía fielmente sus responsabilidades era tenida en alta estima en su familia, en la sinagoga, y en la comunidad.

Es plenamente evidente que el Nuevo Testamento requería el mismo estilo de vida para las mujeres. Según 1 Timoteo 5: 9-10, 14, la mujer debía ser esposa de un solo marido, tener testimonio de buenas obras, criar hijos, practicar la hospitalidad, lavar los pies de los santos, socorrer a los afligidos, practicar toda buena obra, cuidar la casa, y no darle al enemigo ninguna ocasión de reproche.

Hoy día tenemos muchas comodidades en el hogar que no tenían las personas de antaño. No tenemos que moler nuestro propio trigo, ni tejer nuestra propia tela, ni ir al río a lavar nuestra propias ropas. Eso significa que los que cuidan del hogar tienen más tiempo discrecional ahora que antes, de modo que necesitan ser cuidadosos para usar ese tiempo más discretamente. Puede haber cosas que pueden hacer para beneficiar el hogar, para asistir a otros o incluso ser emprendedoras como la mujer de Proverbios 31 y llevar a casa algún dinero. Pero el hogar debe mantenerse como prioridad.

Tengo la certeza de que el valor de ese trabajo ha sido severamente subestimado a través de los años, principalmente debido al movimiento feminista. Un joven esposo y padre que fue obligado a servir durante un breve período, cuidando de la casa, aprendió a apreciar las responsabilidades de su esposa:

Jamás me había dado cuenta de cuánto trabajo cuesta administrar una casa. Las primeras semanas en casa, me maravillé al encontrar que hacer la compra, cocinar y limpiar después de tres comidas puede tomar todo el día. Pero los quehaceres de la casa han sido la parte más fácil. La carga más pesada, por mucho, ha sido atender a las visitas, educar y disciplinar a mi hijo… "El tiempo reservado para la familia" es un mito. Si quiero una relación con Derek, tengo que invertir las horas. Si no lo hago, me pierdo del disfrute de la vida de mi hijo… Uno de los trabajos más exigentes en el mundo es también uno de los más remunerados (Rholan Wong, "Full-Time Fatherhood: Hardest Job of All" ["Paternidad a tiempo completo: El trabajo más duro de todos", *Los Angeles Times* [domingo, 6 de septiembre, 1992]: E6).

Puedo apreciar lo que ese hombre dice. Cuando mi esposa se fracturó el cuello en un serio accidente automovilístico hace dos años, de pronto tuve que sustituirla en mucho de lo que ella había estado haciendo por mí durante años. No teníamos ningún adolescente en casa, de modo que las cosas fueron mucho más fáciles de lo que pudieron haber sido. Sin embargo, quedé impresionado, y a veces casi abrumado, por las tremendas responsabilidades de una diligente "cuidadosa de su casa".

Podría causar sorpresa, pero el dicho: "El lugar de una mujer está en el hogar" nunca ha parecido correcto. En su lugar, lo que la Biblia dice es que *la responsabilidad de una mujer es en el hogar*. No hay virtud en simplemente estar en la casa. Lo que es importante es lo que usted hace cuando está allí. Solo porque una madre permanece en la casa no significa que es espiritual. Si invierte una considerable parte de su día mirando novelas u ocupada en otras infructuosas actividades, su influencia podría ser tan mala como la de una madre que trabaja fuera de la casa en detrimento del cuidado de sus hijos.

La madre que consigue un trabajo fuera de la casa y pone a sus niños en una guardería ha entendido mal el papel de su esposo como proveedor así como su propia responsabilidad en la familia. No caiga en la tentación de trabajar fuera de la casa para pagar lo que cuesta que sus hijos vayan a una escuela cristiana, por ejemplo. Es mejor quedarse en la casa y criar a los niños, enseñándoles a ser piadosos en vez de pasar a otros esa responsabilidad. La mujer que cría una generación piadosa está haciendo el impacto más grande que una mujer puede hacer en el mundo. Ninguna escuela cristiana jamás podrá igualar eso. Dios ha dejado en claro a través de su Palabra que ambos padres tienen la gran responsabilidad de pasar su verdad a sus hijos diariamente (Dt. 6:6-9; Pr. 6:20).

Comprendo que algunas madres confrontan dificultades que las obligan a trabajar. En esta era de inseguridad económica, los esposos están sujetos a despidos. Existe también la tragedia del divorcio y madres solteras tienen que convertirse en las proveedoras. Desdichadamente la gran mayoría de las mujeres escoge trabajar fuera de la casa por razones egoístas. Algunas han comprado la mentira de que la satisfacción personal viene de procurar una carrera, no de satisfacer las necesidades de los seres amados. Otras mujeres trabajan para ganar un dinero adicional para mejorar su nivel de vida, y sus esposos le dan la calurosa aprobación por no decir un categórico mandato. Ver a madres abandonar a sus bebés de tres o cuatro meses en manos de niñeras para hacer eso es pasar por alto completamente el diseño de Dios para las esposas y madres.

Si usted no puede mantener un nivel de vida que le permite cumplir su papel en consonancia con el diseño de Dios, debe considerar cuidadosamente si su nivel es aceptable a Dios. Es mejor aprender a vivir con menos, haciendo cualquier ajuste necesario, tal como alquilar una casa en vez de comprarla. No de por sentado que los beneficios económicos de tener dos sueldos son bendición de Dios.

Cuando las mujeres se apartan a sí mismas de la esfera que Dios ha diseñado para ellas se hacen proclives de un ambiente cargado de dificultades. Dos mujeres cristianas advierten de un peligro potencial:

> Las estadísticas muestran significativamente que las mujeres que trabajan se implican en relaciones extramatrimoniales en mayor número que las que permanecen en la casa. ¿Por qué somos tan vulnerables? Una simple razón por *estar en público*... Otro factor es intimidad profesional. Luego está la necesidad emocional.
>
> Si estamos casadas con hombres que no aprecian nuestros intereses profesionales ni nuestras contribuciones, podemos encontrarnos atraídas a los hombres en el trabajo que sí lo hacen. Si nos sentimos abrumadas por las increíbles responsabilidades en la casa y en el trabajo, estaríamos más prestas a cambiar nuestras cargas de personas adultas por la clase de sonrojo romántico que sentíamos cuando teníamos 16 años. Hombres y mujeres en sus lugares de trabajo también invierten las mejores horas del día en el trabajo. Estamos en nuestro momento más ocurrente y más atractivo (Linda Holland y Karen Linamen "Occupational Hazards", *Today's Christian Woman* [La mujer cristiana de hoy] ("Peligros laborales", [marzo-abril, 1991]; 54-55).

Tito 2:5 dice en cambio para las mujeres que estén "sujetas a sus propios maridos" (vea Ef. 5:22). Estoy preocupado por las mujeres que están en ambientes dominados por el poder masculino porque las mujeres pueden ser fácilmente abusadas. No estoy sorprendido, por lo tanto, por el reciente grito de alarma y la queja del acoso sexual. Hablando realistamente, la mayoría de las mujeres en su puesto de trabajo están expuestas a insinuaciones como mínimo y, en los peores casos, a implicaciones sexuales. Las siguientes advertencias a las mujeres cristianas que trabajan señalan el problema:

La mejor opción simplemente es evitar los problemas desde el principio...

- Haga arreglos para rendir cuentas a amigos o al cónyuge antes de que surja el problema.
- Verbalmente practique decir "No" mucho antes de que surja la oportunidad.
- Evite las fantasías.
- Evite estar a solas con frecuencia con cualquier hombre compañero de trabajo.
- Evite conversaciones íntimas o los "que si" con amigos.
- Procure... ayuda para los evidentes... "vacíos" en su matrimonio.
- Mantenga una relación vibrante con Dios al igual que una comunión congruente con otros creyentes. Sobre todo, reconozca que *nadie* es inmune a las relaciones extra matrimoniales, así que, manténgase en guardia ("Occupational Hazards" ["Peligros laborales"], 56, cursivas en el original).

Dios ha diseñado a la mujer con una necesidad para la protección que un marido piadoso y un hogar proporcionan. Hombres, nos corresponde a nosotros tomar el liderazgo y proporcionar un refugio para nuestra esposa, para que le demos la oportunidad de proveer un refugio para nosotros y para nuestros hijos.

Ciertamente las mujeres con hijos mayores o sin hijos tienen cierta libertad para aplicar la prioridad de ser "cuidadosas de su casa". Pero sea selectiva y tome decisiones sabias en lo que se propone hacer fuera de la casa para que no comprometa su prioridad de preservar su hogar como un refugio para su esposo y como un lugar de hospitalidad para otros. Creo que es especialmente maravilloso cuando las mujeres escogen trabajar en un ministerio cristiano, tal como enseñar a los niños en la escuela dominical, estar implicadas en las misiones o ministrar a personas en la cárcel o en el hospital. Al ir en pos de alguna tarea fuera de la casa, primero vaya delante del Señor y de su esposo, y decida en conjunto hacer solamente aquello que va a realzar y a enriquecer la vida de su hogar y alcanzar metas espirituales.

La esposa excelente

Ningún otro pasaje de las Escrituras nos proporciona el modelo de la "cuidadosa de su casa" mejor que Proverbios 31. Ahí vemos más que una esposa en el papel de ama de casa: la vemos como la mujer completa para la que Dios la diseñó

El rey Lemuel, el autor de Proverbios 31, nos relata la sabiduría que recibió de su madre respecto de cómo escoger una esposa. Los versículos 10-31 no describen a una mujer específica, pero revelan las cualidades y características que toda mujer debería de emular.

El rey escribe: "Mujer virtuosa, ¿quién la hallará? Porque su estima sobrepasa largamente a la de las piedras preciosas". El vocablo traducido "virtuosa" en el texto hebreo significa "fuerza" o "fortaleza". Aquí se refiere a la esposa como una mujer de fortaleza: fuerte espiritual, moral, mental y físicamente. Esta mujer marca una diferencia en la sociedad. Es una mujer que no tiene precio: "Su estima sobrepasa largamente a la de las piedras preciosas". Eso significa que vale más que los tesoros terrenales.

Normalmente los hombres buscan a una mujer por todas las razones equivocadas: apariencia, logros, estilo, éxitos, dinero o educación. Deberían buscar una mujer con virtud, fortaleza de carácter, excelencia espiritual y piedad interior. Seis cualidades específicas caracterizan a la esposa excelente:

Su carácter como esposa

El rey Lemuel relata la perspectiva de su esposo: "El corazón de su marido está en ella confiado" (v. 11). Este esposo ve a su esposa como confiable, algo que le permite trabajar lejos de la casa, confiado en su fidelidad, integridad, discreción y cuidado de todos sus intereses. El contexto sugiere que ella es responsable de una casa amplia con abundantes recursos. Aún así su marido no está preocupado al dejarla con una responsabilidad tal porque sabe que su bienestar es su preocupación, su comodidad su pasión y las cargas de él son suyas para aliviarlas.

Como resultado, el marido "no carecerá de ganancias" (v. 11) debido a su cuidadosa mayordomía. Tanto como una sabia y escrupulosa gobernadora de la casa, ella administra los bienes y coordina todas las actividades. Su habilidad para manejar todas las cuestiones domésticas libra al marido para dedicarse a su trabajo.

Del lado personal, "le da ella bien y no mal todos los días de su vida" (v. 12). Con los mejores intereses de su marido como prioridad, hace todo lo que puede para fortalecerlo y animarlo. Su dinero, posesiones y recursos están con ella. Nunca habla mal de él ni difama de su carácter ni en público ni en la privacidad de la familia. Y ese es su comportamiento "todos los días de su vida". Su amor por él y la devoción por el hogar no fluctúan con las cambiantes circunstancias de la vida. Cuando usted se casó sin duda afirmó el voto de vivir juntos en enfermedad y en necesidad, y ese es el voto que esta mujer mantuvo de por vida. La pureza y el poder de su devoción nunca cambian. Su comodidad, éxito, reputación y gozo son siempre el deleite de ella.

El esposo cosecha los beneficios de esa fidelidad: "Su marido es conocido en las puertas, cuando se sienta con los ancianos de la tierra" (v. 23). Eso significa que es estimado y respetado por sus conciudadanos, en parte porque ella ha creado un mundo para él en el que puede ser todo lo que Dios quiere que él sea. La vida de ella puede describirse mejor como desinteresada, el bien de su marido la consume. Ese es el por qué ella ama servirle.

Su devoción como ama de casa

La primera característica específica de las capacidades de esta emprendedora ama de casa está en el versículo 13: "Busca lana y lino, y con voluntad trabaja con sus manos". Una de sus primeras prioridades es vestir a su familia. Buscar lana y lino, en vez de simplemente usar, significa que se entrega a la búsqueda de productos de calidad. La lana se usaba para hacer ropas para las épocas frías del año. El lino es más liviano, y, por lo tanto, más apropiado para la ropa de las épocas cálidas. El lino es especialmente beneficioso para hacer ropa bonita. Para ella, hacer ropa para su esposo y sus hijos era un gozo. El versículo 14 describe la extensión de su incursión para encontrar el alimento apropiado para su familia: "Es como nave de mercader; trae su pan de lejos". Viajes continuos al mercado local en busca de los mejores precios, no era su práctica. Viajaba distancias para conseguir la mejor comida al mejor precio. No hacía sus compras apresuradamente. Quería adquirir lo que pensaba que su familia necesitaría. Eso requería un buen plan y una buena administración.

No estoy seguro de cuánto duerme esta clase de mujer, porque en el versículo 15 dice: "Se levanta aun de noche y da comida a su familia y ración a sus criadas". Normalmente las personas de aquellos tiempos mantenían encendida una pequeña lámpara a través de la noche. Puesto que la lámpara tenía una pequeña cantidad de aceite, alguien tenía que despertarse durante la noche y añadirle más aceite para mantener la lámpara encendida. Esta esposa asumía esa responsabilidad para que su familia pudiera dormir. Entonces después de llenar la lámpara, no regresaba a la cama. ¡Se quedaba despierta para comenzar a preparar los alimentos del día! Una vez más la vemos hacer un gran sacrificio por el bien de su familia.

La frase "ración a sus criadas" probablemente se refiere a porciones de trabajo, no de comida. Esta esposa trabajadora no solo comenzaba su propio trabajo a una hora tan temprana, sino que, además, repartía las diferentes tareas a sus criadas que servían en la casa. Así demostraba su liderazgo.

Los feministas y otros que afirman que el papel de la ama de casa es humillante para las mujeres se debe a que nunca han entendido Proverbios 31. La ama de casa tiene que combinar elementos de una economista, supervisora y administradora de negocios para analizar los productos disponibles, ejercer sabiduría e intuición para hacer compras inteligentes y asignar las tareas a los empleados de su casa. Al mismo tiempo tiene que cumplir sus responsabilidades de esposa para su marido y proporcionar cuidado cariñoso y tierno para todos sus hijos.

Más allá de todas esas responsabilidades, la esposa excelente es una empresaria: "Considera la heredad, y la compra y planta viña del fruto de sus manos" (v. 16). Su marido no le dio el dinero para comprar la heredad, ella la compró y plantó la viña con *sus* ganancias. El versículo 24 describe la fuente de sus ganancias: "Hace telas y vende, y da cintas al mercader". Además de sus responsabilidades familiares y del hogar, gana dinero adicional para sí misma, haciendo y vendiendo un producto útil. Note, sin embargo, que no mezcló su dinero con el efectivo diario del hogar, lo separaba hasta que llegara el momento correcto.

Cualquier mujer que pueda llenar esos papeles ha de tener una tremenda energía: "Ciñe de fuerzas sus lomos, y esfuerza sus brazos" (v. 17). "Se ciñe de fuerzas" puede traducirse "la fuerza la envuelve como un manto". Es una mujer fuerte en función de autodisciplina, entrega a su familia, y amor por su marido. "Sus brazos son fuertes" se refiere a su fortaleza física que es el resultado de su trabajo diario.

La motivación es un elemento clave en cualquier tarea, y esta mujer estaba muy motivada. El versículo 18 dice: "Ve que van bien sus negocios;

su lámpara no se apaga de noche". Habiendo comprado el campo y plantado la viña, no solo consigue una ganancia económica, sino también la bendición espiritual de ver a su familia prosperar como resultado de su trabajo. Como resultado "su lámpara no se apaga de noche" (v. 18). Plenamente satisfecha de ver a otros beneficiarse de su trabajo, es movida a trabajar más duro, incluso si eso significa quedarse despierta toda la noche para realizar otra tarea.

Quizás es en tales noches que "aplica su mano al huso, y sus manos a la rueca" (v. 19). Esos son aspectos del arte de hilar, cuando ella realmente convierte la lana y el lino en hilo. Ella podía haber tenido que hacer ropa para su familia en medio de la noche porque había estado muy ocupada durante el día.

"No tiene temor de la nieve por su familia" (v. 21) significa que estaba bien preparada para el invierno, cosía bien entrada la noche para estar segura de que su familia tenía suficientes mantas para cubrirse en la noche y ropa caliente para los días de frío. Pero no se contentaba solo con la ropa funcional. Deseaba que la familia tuviera buena apariencia: "Porque toda su familia está vestida de ropas dobles" (v. 21). El vocablo "dobles" puede significar "púrpura". Ella realmente teñía la lana para que adquiriera belleza.

Hay un aspecto en el que esta mujer piensa en sí misma: "Ella se hace tapices; de lino fino y púrpura es su vestido" (v. 22). Agradecida por la belleza externa con la que Dios la ha bendecido, se viste de tal manera que pone de manifiesto su belleza delante de su marido. No lo exagera con seda ni oro ni perlas. En su lugar escoge el lino, que no era una ropa particularmente cara. Pero sabemos que era lo mejor que podía hacer por el cuidado que tomaba para escoger el mejor lino. Y la belleza del color púrpura destacaría su propia belleza. De modo que evita el extremo del despliegue ostentoso mediante la selección de una simplicidad elegante. Eso caracteriza cada decisión que hace porque su meta es el bienestar de su marido y de sus hijos.

Su generosidad como vecina

"Alarga su mano al pobre, y extiende sus manos al menesteroso" (v. 20). Sobre la base de lo que hemos aprendido hasta aquí acerca de esta mujer, no esperaríamos nada menos de ella. Tan devota y cariñosa como es hacia su propia familia, no desatiende a otros. Demuestra su compasión por los pobres al implicarse personalmente en sus angustias. Extiende su mano, los toca donde les duele, proveyendo, sin duda, alimento y vestidos.

La idea de extender su mano probablemente significa que los pobres se acercaban a ella a causa de sus necesidades, mientras que el extender sus manos sugiere que extendía su mano hacia aquellos que eran demasiado orgullosos o avergonzados de expresar sus necesidades. Aunque ella podía estar centrada en su familia, no era indiferente a las necesidades de otros.

Su influencia como educadora

La enseñanza comienza con el carácter: "Fuerza y honor son su vestidura; y se ríe de lo porvenir" (v. 25). "Fuerza" describe su carácter espiritual, mientras que "honor" define la calidad de su vida. Ambas son fundamentales para su integridad como maestra. Es verdaderamente espiritual, si no lo fuera, sus hijos no la escucharían ni obedecerían sus instrucciones. Es imperativo para los que enseñan que vivan lo que enseñan, de otra manera solo serían proveedores de hipocresía.

El hecho de que "se ríe de lo porvenir" significa que no le teme porque sabe que todas las cosas están en las manos de Dios. Hemos visto lo bien preparada que está: Todo estará bien en el futuro para ella porque está en relación correcta con Dios. Todo estará bien en el futuro respecto de su hogar porque lo ha mantenido en orden. Todo estará bien en el futuro respecto de sus hijos porque ha estado consecuentemente criándolos "en disciplina y en el temor del Señor" (Ef. 6:4). Y todo estará bien respecto del futuro de su esposo porque su compromiso de administrar el hogar le ha dado al marido la oportunidad de ser un hombre de Dios.

Después del carácter viene la instrucción: "Abre su boca con sabiduría, y la ley de clemencia está en su lengua" (Pr. 31:26). Las Escrituras dicen que el padre debe ser el maestro y el sacerdote de la familia, en el hogar. Pero eso no excluye la realidad de que las madres diariamente apliquen la verdad a la vida de sus hijos. Proverbios 6:20 dice: "Guarda, hijo mío, el mandamiento de tu padre, y no dejes la enseñanza de tu madre".

Su característica dominante cuando enseña es ternura: "Y la ley de clemencia [ternura] está en su lengua" (Pr. 31:26). Con palabras cariñosas y bondadosas, edifica y ministra gracia a sus oyentes (Ef. 4:29).

Su eficacia como madre

Proverbios 31:27 resume su liderazgo en el hogar: "Considera los caminos de su casa, y no come el pan de balde". En el ejercicio constante y la supervisión excelente sobre la totalidad de su familia, nunca sucumbe a la tentación de la pereza. En cambio se da cuenta de que la verdadera satisfacción solo puede venir de un esfuerzo supremo.

El antiguo refrán es verdad: "Lo que gira alrededor viene alrededor". Si ustedes, madres, invirtieran su vida en sus hijos durante la primera mitad de su existencia, recogerían los dividendos durante la segunda mitad. La esposa y madre excelente cría a sus hijos con sabiduría piadosa y con gran amor y cuidado. Una vez que sus hijos llegan a la edad cuando pueden vivir por sí solos, invertirán el resto de sus años bendiciendo a la mujer que dio su vida por ellos. Ese es el diseño de Dios. La compensación para la vejez es la devoción de nuestros hijos. Usted recibe el rendimiento de su inversión a través de la bendición que recibe de sus hijos cuando son adultos.

Hay otro beneficio; cuando sus hijos llegan a ser padres, seguirán su modelo en la crianza de sus hijos. Es por eso que la tierna dirección, el consejo sabio, la disciplina cariñosa, el santo ejemplo, el trabajo duro y el dar desinteresadamente constituyen las características vitales de la crianza. Proporcionarán una guía constante a sus hijos ya que tratarán de emularlos delante de sus propios hijos.

Hay un dividendo adicional para la esposa excelente: "Se levantan sus hijos y la llaman bienaventurada; y su marido también la alaba; muchas mujeres hicieron el bien; más tú sobrepasas a todas (vv. 28-29). Cuando un marido le dice a su esposa que ella es la mejor de todas las mujeres, ese es su máximo galardón.

Su excelencia como persona

Su excelencia como persona comienza con la dimensión espiritual, pero primero viene una advertencia: "Engañosa es la gracia" (v. 30). Eso se refiere a la forma corporal, y eso es engañoso. Las mujeres que invierten horas intentando mejorar su apariencia externa se pierden de lo que tiene valor permanente: "La mujer que teme a Jehová, esa será alabada. Dadle del fruto de sus manos, y alábenla en las puertas sus hechos (vv. 30-31). El ideal de la madre del rey Lemuel para la esposa excelente está resumido en eso dos versículos. Cuando un hombre puede compartir su vida con una mujer que teme y ama a Dios, se encuentra en las mejores circunstancias. Y si piensa que ella es hermosa al principio, se volverá más hermosa para él con el paso de los años.

Catherine Veecher era la hija mayor de una familia famosa de la historia norteamericana. Una de sus hermanas menores era novelista, Harriet Stowe, autora del libro *Uncle Tom's Cabin* [La cabaña del tío Tom]. Ambas crecieron teniendo un gran amor por los niños, encontrando gozo en la responsabilidad de criarlos y cuidarlos. A la edad de veintitrés años

Catherine fundó The Hartford Female Seminary [El Seminario Femenino de Hartford]. Su propósito era entrenar a las mujeres para ser amadoras de su esposo e hijos y cuidadoras del hogar. Ella y Harriet fundaron otro seminario pocos años después en Cincinnati, Ohio. En 1869 escribieron un libro titulado *The American Woman's Home* [El hogar de la mujer norteamericana] (Nueva York: J.B. Ford and Co.). En este decían:

> La profesión de la mujer abarca el cuidado y la alimentación del cuerpo en los períodos críticos de la infancia y enfermedad, el entrenamiento de la mente humana en el período más impresionable de la infancia... y la mayor parte del gobierno y la economía del patrimonio familiar. Esas responsabilidades de la mujer son tan sagradas e importantes como cualquiera asignada al hombre; y aún así no se le ha otorgado el beneficio de la preparación, ni existe una entidad autorizada para certificar al público que una mujer está debidamente preparada para dar instrucción adecuada a su profesión (p. 14).

Era el deseo de ellas al fundar las dos escuelas para entrenar a mujeres "no solo a efectuar de la manera más reconocida todas las tareas manuales de la vida doméstica, sino también honrar y disfrutar de esas responsabilidades" (p. 14-15). Esa noble tarea no es enfatizada ni apreciada en ninguna parte del mundo en la medida en la que debía serlo. Eso cambiará cuando hombres solteros y casados y las mujeres abracen en vez de ponerse en contra del ideal de Dios de que las mujeres jóvenes sean "cuidadosas de sus casas" (Tit. 2:5), llegando a realizar cualquier sacrificio necesario en el tiempo apropiado en la vida de cada uno de ellos, y estimulando a otros a hacer lo mismo.

Capítulo 5

Un lugar diferente en el plan de Dios

Una matemática sencilla declara lo obvio: si el veintiséis por ciento de todos los hogares en los Estados Unidos están formados por parejas casadas, eso significa que el setenta y cuatro por ciento tiene que incorporar a aquellos que están divorciados, viudos y solteros. Ciertamente esos porcentajes cambiarían cuando son aplicados a la iglesia, que mantiene la santidad del matrimonio en un grado más elevado que la sociedad secular. Pero cuando incluimos a esos creyentes que están casados con no creyentes, muchos en la iglesia no están a la altura del ideal para el matrimonio que hemos examinado en los capítulos anteriores.

En este capítulo veremos el diseño de Dios para los que están casados con no creyentes, una viuda, una divorciada o una soltera. La voluntad de Dios para la vida de cada una de estas personas es rica y gratificante.

Si está casado o casada con un inconverso

El Señor no discrimina cuando escoge a las personas para su reino, estas vienen de todas las situaciones y esferas sociales. No es de sorprenderse, por lo tanto, ver solo a uno de los cónyuges de un matrimonio venir a Cristo. Tal como lo hacemos hoy, la iglesia del siglo primero tenía que enseñar a los nuevos creyentes en cómo tratar a sus cónyuges inconversos. Los esposos querían saber si debían continuar tratando a sus esposas de la manera dominante que caracteriza a la sociedad secular. Las esposas querían saber si debían rechazar la autoridad de sus esposos no cristianos a favor de su nueva alianza a una autoridad superior, es decir, Cristo

Jesús. ¿Debería requerir su nuevo estado en Cristo que demanden sus derechos físicos y espirituales? Tanto el apóstol Pablo (1 Co. 7:12-16) como el apóstol Pedro (1 P. 3:1-7) ofrecen directrices eternas y específicas que los creyentes casados con inconversos deben seguir.

Lo que usted no debe hacer

La tendencia natural y humana para muchos casados con inconversos, y en particular una esposa en esa sociedad, sería abandonar la relación. La perspectiva cristiana, sin embargo, es exactamente lo opuesto. Pablo aconseja:

> "...Si algún hermano tiene mujer que no sea creyente y ella consiente en vivir con él, no la abandone. Y si una mujer tiene marido que no sea creyente, y él consiente en vivir con ella, no la abandone. Porque el marido incrédulo es santificado en la mujer, y la mujer incrédula en el marido; pues de otra manera vuestros hijos serían inmundos, mientras que ahora son santos (1 Co. 7:12-14).

La frase "no la abandone" usada en el contexto de la relación hombre-mujer significa divorcio. Con anterioridad Pablo ha aconsejado a los creyentes casados que no se divorcien porque Cristo lo ha prohibido (vv. 10-11). Aquí aconseja a los creyentes que estaban unidos en yugo desigual a no divorciarse de su cónyuge si él o ella consentía en mantener la relación. Hay varias ventajas en preservar el matrimonio.

Estar unido desigualmente puede ser frustrante, desalentador e incluso costoso. Pero no es necesariamente profanador porque en vez del creyente ser corrompido por el inconverso, el creyente puede santificar el hogar. En este sentido santificar no se refiere a la salvación. Se refiere a ser apartado para la bondad de Dios. Todas las bendiciones y la gracia de Dios que resulten ser para ese creyente se derramarán y enriquecerán al cónyuge inconverso y a los demás miembros de la familia.

Además, aunque la fe del creyente no puede efectuar salvación, sino para sí mismo, el poder de su testimonio con frecuencia es el medio por el que otros miembros de la familia ponen su fe en Cristo.

Hay que añadir que Dios considera a la familia como una unidad. Incluso si está espiritualmente dividida, y la mayoría de sus miembros son inconversos e inmorales, Dios derrama su gracia sobre toda la familia a través del creyente que está en medio de ella. Por lo tanto, si su cónyuge incrédulo desea quedarse, no procure el divorcio. Él o ella está mejor en el lugar donde Dios garantiza una bendición.

Si un cónyuge incrédulo, sin embargo, no consiente en vivir con un cristiano, Pablo ofrece la siguiente instrucción: "Pero si el incrédulo se separa, sepárese; pues no está el hermano o la hermana sujeto a servidumbre en semejante caso, sino que a paz nos llamó Dios. Porque ¿qué sabes tú, oh mujer, si quizá harás salvo a tu marido? ¿o qué sabes tú, oh marido; si quizá harás salva a tu mujer? (vv. 15-16). Es simple: Si su esposo o esposa quiere salirse, déjelo o déjela que se marche.

Delante de Dios el nexo entre un esposo y su esposa se rompe solo por la muerte (Ro. 7:2), adulterio (Mt. 19:9), y la deserción del cónyuge inconverso. Cuando el nexo es roto en cualquiera de esos casos, un cristiano está en libertad de casarse de nuevo. Por implicación, el permiso dado a una viuda o viudo para casarse de nuevo (Ro. 7:3) puede extenderse al caso presente, donde un creyente ya no está atado.

Dios permite el divorcio en ese caso porque Él "nos ha llamado a la paz" (1 Co. 7:15). Si su esposa o esposo no puede tolerar su fe y quiere abandonar el matrimonio, es mejor disolver el matrimonio para preservar la paz. Las peleas, las discusiones, la confusión, la crítica y la frustración rompen la armonía y la paz que Dios desea para sus hijos. Y no use el evangelismo como una causa justa para mantener un matrimonio si el cónyuge quiere marcharse. No tiene ninguna garantía de que va a llevar a su cónyuge a Cristo en un ambiente incómodo, caótico y confuso.

Permítame añadir una advertencia: "No permita que una presentación forzada o despótica del evangelio sea la causa de que su cónyuge desee abandonar la relación". No puede forzar a una persona a entrar en el reino. Viva la clase de vida que atraiga a su cónyuge a Cristo en vez de alejarlo del Señor.

Lo que la esposa puede hacer

Convertirse al cristianismo puede producir serios problemas hoy día tal como ocurrió hace 2000 años. Como hemos observado, las mujeres eran tratadas con poco respeto en las culturas griega y romana de los tiempos de Pablo. Siempre y cuando vivieran en la casa de su padre, estaban bajo la ley romana de *patria potestad* (la autoridad del padre), que le daba al padre el poder de vida y muerte sobre sus hijas. Una vez que la mujer se casaba, el marido tenía el mismo poder legal. Puesto que era un tabú social para las mujeres hacer sus propias decisiones, una decisión de seguir a Cristo por parte de ellas algunas veces resultaba en un severo abuso por parte de su esposo inconverso. A pesar de esas difíciles circunstancias, la esposa creyente podía ganar a su esposo para Cristo mediante el cumplimiento de ciertas responsabilidades.

Sea sumisa

Pedro dice: "Asimismo vosotras, mujeres, estad sujetas a vuestros maridos; para que también los que no creen a la palabra, sean ganados sin palabra por la conducta de sus esposas" (1 P. 3:1). Una esposa está obligada a someterse a su esposo sea este cristiano o no. "Asimismo" señala hacia atrás a la sumisión de los ciudadanos a las autoridades civiles (2:13) y los empleados a sus patronos (v. 18). Como aprendimos en el capítulo 2, Dios estableció ese arreglo para la operación pacífica de todas las instituciones sociales, incluyendo al matrimonio.

La frase "los que no creen en la palabra" describe al esposo que rechaza el evangelio. La frase es una condición de primera clase en el texto griego, lo que significa que es una realidad. Podría traducirse "puesto que no creen en la palabra". Una esposa creyente debe someterse a su esposo para que pueda ser ganado para Cristo "sin palabra". Eso no se refiere a *la Palabra* de Dios, puesto que esta es esencial para la salvación de cualquier persona (1:23), se refiere, más bien, a la palabra hablada. Una esposa gana a su esposo para Cristo no por lo que dice, sino por la manera como se comporta. Eso no significa que no debe comunicarle el evangelio, pero una actitud cariñosa, amorosa, gentil y sumisa es su herramienta evangélica más eficaz.

Sea fiel

Los esposos serán ganados para Cristo "considerando vuestra conducta casta y respetuosa" (3:2). Las esposas necesitan vivir una vida pura, caracterizada por una conducta irreprochable y fidelidad tanto a Dios como al esposo de cada una de ellas. Evite por todos los medios implicarse con otro hombre. En su lugar, sea respetuosa de su esposo.

Sea decorosa

Las esposas, especialmente en nuestra sociedad, necesitan prestar atención a la advertencia de Pedro en el versículo 3: "Vuestro atavío no sea externo de peinados ostentosos, de adornos de oro o de vestidos lujosos". En la sociedad romana las mujeres estaban continuamente preocupadas de su apariencia externa. Se teñían el cabello de colores extravagantes, lo moldeaban elaboradamente y les gustaba lucir joyas costosas, vestidos elegantes, y buenos cosméticos. Ciertamente Pedro no prohibía a las mujeres que se arreglaran el cabello ni que usaran joyas o buenos vestidos. Solo que no quería que estuvieran preocupadas con esas cosas.

Mujeres, la belleza exterior nunca cautivará el corazón de su esposo si no está respaldada con una hermosa actitud. El centro principal debe estar en "el [ser] interno, el del corazón, en el incorruptible amor de un espíritu afable y apacible, que es de grande estima delante de Dios" (v. 4). Una disposición humilde y calmada caracteriza la belleza interior y "es preciosa delante de Dios" (v. 4). Procure la virtud y aumentará las probabilidades de ganar a su esposo para Cristo.

Aunque Dios valora muchísimo la belleza interior de la piedad, eso no es una excusa para el descuido. Descuidar la apariencia externa llamará tanto la atención como exagerarla. Se habrá vestido apropiadamente cuando su apariencia externa simplemente refleje la belleza interna que Dios ha moldeado dentro de usted.

Los versículos 5-6 ilustran el significado esencial de la belleza interior: "Porque así también se ataviaban en otro tiempo aquellas santas mujeres que esperaban en Dios, estando sujetas a sus maridos; como Sara obedecía a Abraham, llamándole señor; de la cual vosotras habéis venido a ser hijas, si hacéis el bien, sin temer ninguna amenaza". "Santas mujeres" se refiere a las mujeres creyentes del Antiguo Testamento. El versículo 6 específicamente menciona a Sara como el modelo de sumisión debido a su obvio respeto hacia su esposo, Abraham. Todos los verdaderos creyentes son hijos de Abraham por la fe (Ro. 4:5-16; Gá. 3:7-29), y de la misma manera todas las mujeres creyentes que siguen el ejemplo de Sara son sus hijas espirituales.

La ausencia de este versículo en mucha de la literatura de los evangélicos feministas es reveladora. Es muy difícil, si no imposible, cuestionar el principio bíblico de autoridad y sumisión. J. David Pawson dice: "El lenguaje de Pedro va algo más lejos que el de Pablo; alaba a Sara por llamar a Abraham "Señor"… y darle la obediencia debida a alguien merecedor de este título" (*Leadership is Male* [El liderazgo es masculino] [Nashville: Thomas Nelson, 1990], 63).

"Sin temer ninguna amenaza" (1 P. 3:6) habla de intimidación. Al parecer todas las sociedades desde la caída han tratado de intimidar a las mujeres para que no se sometan a sus esposos. Pero en lugar de ser intimidadas, la esposa debe "hacer el bien" al ser sumisa, discreta, modesta y gentil.

Lo que los esposos deben hacer

Primera Pedro 3:7 dice: "Vosotros, maridos, igualmente, vivid con ellas sabiamente, dando honor a la mujer como a vaso más frágil, y como a coherederas de la gracia de la vida, para que vuestras oraciones no tengan estorbo". Maridos, si queréis ganar a vuestras esposas para Cristo, sed fieles en hacer lo siguiente:

Sea considerado

"Sabiamente" habla de ser sensibles a las necesidades físicas y espirituales más profundas. En otras palabras, se considerado y respetuoso. Recuerde debe nutrirla y amarla (Ef. 5:25-28). Muchas mujeres me han dicho, "mi esposo no me comprende. Nunca hablamos. Él no sabe cómo me siento o qué estoy pensando". Una insensibilidad tal construye paredes de separación en el matrimonio. "Vivir con su esposa sabiamente" es otra manera de decir, "ser considerado". No es lo que obtiene del matrimonio, sino lo que aporta a este lo que trae gloria a Dios. ¿Conoce usted las necesidades de su esposa? ¿Ha hablado de esas necesidades con ella? ¿Le ha preguntado qué clase de esposo ella quiere que sea?

Sea caballeroso

Por diseño divino, una esposa debe ser el objeto especial del amor y el cuidado de su esposo. Como "vaso más frágil" ella está bajo su autoridad y protección. "Frágil" no significa débil ni espiritual ni intelectualmente, sino física y quizás emocionalmente. Las Escrituras sugieren eso en varios lugares. Por ejemplo, en Jeremías 51:30 leemos: "Los valientes de Babilonia dejaron de pelear, se encerraron en su fortalezas; les faltaron las fuerzas, se volvieron como mujeres; incendiadas sus casas, rotos sus cerrojos" (vea Is. 19:16; Jer. 50:37; Nah. 3:13). El ejército de Babilonia es comparado con mujeres porque estaba atemorizado, sin fuerzas e indefenso.

No es cosa negativa que una mujer sea el vaso frágil. Al hacer al hombre más fuerte, Dios diseñó una maravillosa asociación. Una manera como un esposo puede proteger y proveer para su esposa es practicando la caballerosidad. ¿Qué ha sucedido con la costumbre de abrir la puerta del auto para la esposa? ¡Algunos esposos se han alejado cinco metros de la entrada mientras todavía la esposa tiene un pie fuera de la puerta! Busque maneras de ser cortés que sabe serán apreciadas por su esposa.

Sea un compañero

"Dándole honor" es otra manera de decir "trate a su esposa con respeto" mientras que "gracia de la vida" es una referencia al matrimonio.

"Gracia" significa "un don", y uno de los mejores dones que la vida ofrece es el matrimonio. De modo que cuando Pedro dice que hay que darle el respeto como a "coheredera de la gracia de la vida", está mandando a los esposos a respetar a sus esposas como compañeras en igualdad de condiciones en el matrimonio. Otra manera de ganarla para Cristo es cultivando el compañerismo y la amistad. Eso requiere compartir su vida con ella y desarrollar intereses mutuos. Piense cosas que pueden hacer juntos. Uno de los secretos de una relación feliz es encontrar cosas en común. Estas no son solo sugerencias casuales. Según Pedro, aplicarlas tiene una incidencia directa en cómo sus oraciones son contestadas. Puesto que esas oraciones incluirán peticiones por su salvación, no descuide ser considerado, caballeroso y un compañero para su esposa inconversa.

Si es una viuda o una mujer divorciada

Entre las personas más necesitadas en nuestra sociedad están las mujeres que son viudas o divorciadas, y el apóstol Pablo proporciona instrucciones a hombres casados y solteros y a mujeres en la iglesia con respecto a cómo cuidar de ellas. Dice: "Honra a las viudas que en verdad lo son" (1 Ti. 5:3).

El vocablo griego traducido "viudas" significa "separadas", "desconsoladas" y transmite el sentido de sufrir una pérdida o ser dejada sola. No nos dice cómo una mujer llegó a ser viuda, de modo que la causa no se limita a la muerte del esposo. Una viuda en el sentido bíblico puede se una hija, una madre, una hermana, una prima o una tía que pierde a su esposo a través del divorcio, el abandono, la prisión o especialmente la muerte. Cuidar de esas mujeres es un privilegio y una manifestación de la compasión de Dios. Cada vez más mujeres en nuestra sociedad están necesitadas de esa compasión. George Grant, en su libro *The Dispossessed: Homelessness in America* [Los desposeídos: Los desamparados en norteamérica], detalla cuan prejudicial el movimiento feminista ha sido al bienestar de las mujeres ([Westchester, Ill.: Crossway, 1986], 73-79). Usa la frase "la feminización de la pobreza" para describir su efecto negativo: "ha derribado las estructuras de la familia tradicional. Ha contribuido a una irresponsabilidad epidémica. Ha disminuido la cortesía, el respeto y el compromiso. Ha abierto una caja de pandora de males sociales, entre los más importantes está el empobrecimiento progresivo de las mismas mujeres que deberían haber liberado" (p. 73).

Grant cita a Leonore J. Weitzman, quien señala en su libro *The Divorce Revolution* [La revolución del divorcio] que las mujeres experimentan un descenso significativo en su nivel de vida después de un divorcio, mientras que el nivel de vida de sus ex esposos aumenta. También cita a Kim Hopper y a Jill Hamberg, quienes informan en su libro *The Making of America's Homeless* [La causa de los desamparados en norteamérica] que una de cada tres familias donde la mujer es la cabeza del hogar es pobre, comparado con una de cada diez donde lo es el hombre, y una de cada diecinueve donde el hogar tiene a los dos padres.

Maggie Gallagher desgrana el significado de esas estadísticas:

> Las mujeres son más vulnerables a ser abandonadas por sus esposos, tener que criar a sus hijos solas, caer en la pobreza y experimentar todas las consecuencias de la degradación, vivir en apartamentos ocupados en sectores peligrosos de la cuidad, experimentar mala salud y cuidado médico pobre, ser maltratadas, apuñaladas, violadas y robadas. Retrocediendo en las tendencias históricas, las mujeres de hoy trabajan más tiempo y más duro de lo que lo hicieron sus madres, bajo tensión, son más dadas a sufrir una crisis nerviosa. Un menor número de mujeres pueden encontrar a alguien adecuado con quien casarse y muchas de las que se casan nunca tendrán los hijos que han deseado tener (*Enemies of Eros* [Enemigos de Eros] [Chicago: Bonus, 1989], 14).

Esas trágicas tendencias están lejos del ideal de Dios. Mediante su diseño, una esposa debe ser un objeto especial del amor y del cuidado de su esposo. Pero si una mujer pierde a su esposo, con frecuencia es dejada sin ningún medio de apoyo económico. Tales mujeres están bajo el cuidado especial de Dios. El libro de Santiago resume la compasión de Dios para la viuda. "La religión pura y sin mácula delante de Dios el Padre es esta: Visitar a los huérfanos y a las viudas en sus tribulaciones, y guardarse sin mancha en el mundo" (Stg. 1:27).

Pablo quería que toda la iglesia demostrara su fe de esa manera. Su discurso acerca de las viudas (1 Ti. 5:3-16) proporciona varios principios prácticos. El versículo 3 dice: "Honra a las viudas que en verdad lo son". Las viudas cristianas que han quedado solas deben recibir ayuda económica de la iglesia si reúnen los requisitos. "Honra" es una referencia al quinto mandamiento respecto de honrar a los padres (Éx. 20:12) que el pueblo judío desde los días de Moisés ha entendido que incluye ayuda financiera (vea Mt. 15:1-6).

Cómo evaluar las necesidades

"Las viudas que en verdad lo son" son diferenciadas de las que tenían medios económicos. Algunos esposos pudieron haber dejado a sus esposas recursos sustanciales tales como una casa y ahorros adecuados. En esos casos, la iglesia debe proveer para cualquiera necesidad espiritual y acompañarla con ánimo, amor y apoyo de cualquier manera posible.

Vivimos en un país que proporciona alguna cobertura básica para las viudas, pero como hemos visto, el alcance de sus necesidades, y el número de mujeres necesitadas que pueden ser clasificadas en su grupo, está aumentando dramáticamente. Algunas viudas podrán desear una educación cristiana para sus hijos, y la iglesia puede establecer un fondo de becas para cubrir esa necesidad. Otras podrían haber sobrevivido previamente con entradas bajas mientras que otras podrían haberse beneficiado de entradas mucho más altas. La iglesia necesita ser sabia para determinar cuales necesidades son apremiantes.

Ese es un gran compromiso. Podría requerir a veces la transferencia de dinero de un programa a otro. Obviamente, entonces, la iglesia no puede dar indiscriminadamente a todo el mundo. Las Escrituras, sin embargo, establecen criterios para determinar quién califica y quién no.

Cuando hay familia disponible

Primera Timoteo 5:4 dice: "Pero si alguna viuda tiene hijos, o nietos, aprendan éstos primero a ser piadosos para con su propia familia, y a recompensar a sus padres; porque esto es lo bueno y agradable delante Dios". Los miembros de la familia tienen la responsabilidad primaria de cuidar de las viudas. Una manera esencial de demostrar piedad en el contexto de la vida familiar es asegurarse de que las necesidades de los miembros están cubiertas. El versículo 8 dice: "porque si alguno no provee para los suyos, y mayormente para los de su casa, ha negado la fe, y es peor que el incrédulo".

Observe que esta responsabilidad no es aplicable solo para los miembros mayores de la familia, sino también a los hijos y a los nietos. Eso es apropiado ya que los jóvenes piadosos desearán una buena relación con los miembros de su familia, porque esa es una señal de la verdadera espiritualidad.

El principio básico, por lo tanto, es que los hijos "aprendan a recompensar a los padres" por la inversión que los padres hicieron en la vida de cada uno de ellos, lo cual incluye una obligación financiera. Hijos, no tengan en poco el amor y el ánimo que sus padres les dieron además de haber suplido las necesidades materiales básicas tales como el alimento, el vestido y una casa.

Cuando la familia no está disponible

Algunos miembros de la familia, sin embargo, no siempre ven las cosas desde la perspectiva divina. El versículo 5 reconoce que algunas son viudas "en verdad". Esas son definidas como las que "han quedado solas". No tienen ni hijos ni nietos que deseen cuidar de ellas ya sea por causa de inmoralidad, divorcio, abandono por parte de los hijos o incluso por la muerte de los hijos.

El primer criterio de la iglesia para ayudar a las viudas es cuando estas no tienen a nadie a quien acudir, y el segundo es este: Que ella "espera en Dios, y es diligente en súplicas y oraciones noche y día" (v. 5). Eso describe a un cristiano maduro. Su vida de oración es el reflejo de una relación íntima con Dios. Ese es un gran contraste con la viuda descrita en el versículo 6: "Pero la que se entrega a los placeres, viviendo está muerta". Esta mujer, que está viva físicamente, pero espiritualmente muerta, vive despreocupada de lo que es correcto y sin devoción hacia Dios. La implicación es que debe dejársela a las consecuencias de sus pecados, esperando que estos la lleven al arrepentimiento. La iglesia no es responsable de ayudar a viudas como esas, especialmente a las que continúan en un pecaminoso estilo de vida.

Una situación casi tan mala como esa es la siguiente: "Porque si alguno no provee para los suyos, y mayormente para los de su casa, ha negado la fe, y es peor que un incrédulo" (v. 8). "Proveer" significa "pensar de antemano" o "cuidar", indicando que el apoyo financiero requiere planificar y meditar cuidadosamente. "Los suyos" es una referencia general a la esfera de relación de los creyentes, amigos, vecinos, conocidos, y especialmente familiares. "Alguno" indica que *todo creyente es responsable de ayudar a los necesitados.* Cuando él o ella puede, un creyente debe suplir las necesidades sin llevarlo al seno de la iglesia. El creyente que no lo hace es culpable de retener el amor y de establecer un pobre ejemplo.

La mayoría de los inconversos cuidan de los suyos porque es normal para ellos hacerlo (Mt. 7:9-11). Cuando un creyente no cumple con una obligación que aún un inconverso sabe bien que debe hacerlo, está actuando peor que un inconverso. Incluso los paganos reverencian a sus mayores y a sus ancestros.

Mantener valores elevados

Los cristianos tienen valores altos. Uno de ellos se refleja en estas cualidades de viudas piadosas que servían a la iglesia en una capacidad oficial:

> Sea puesta en la lista sólo la viuda no menor de sesenta años, que haya sido esposa de un solo marido, que tenga testimonio de buenas obras; si ha criado hijos; si ha practicado la hospitalidad; si ha lavado los pies de santos; si ha socorrido a los afligidos; si ha practicado todo buena obra (1 Ti. 5:9-10).

Aquí el énfasis cambia del apoyo financiero a las aptitudes para la condición oficial. Sabemos que la iglesia primitiva tenía ancianos, diáconos y diaconisas (1 Ti. 3:1-13). Evidentemente un grupo de viudas piadosas también eran consideradas trabajadoras en la iglesia.

Su servicio incluía enseñanza y consejería a las mujeres jóvenes de la iglesia, visitar a los enfermos y proveer hospitalidad para los viajeros tal como los predicadores itinerantes. También tenían un ministerio con los niños. En los tiempos de Pablo, muchos niños indeseados eran abandonados en el mercado. De ese grupo, los muchachos eran entrenados para ser gladiadores y las chicas eran entrenadas para ser prostitutas. Las viudas de la iglesia buscaban a esos niños abandonados y los ponían en buenos hogares para que pudieran recibir el cuidado correcto. Si la iglesia tuviera hoy un grupo de viudas piadosas con la misma ocupación, innumerables niños necesitados se beneficiarían.

Una mujer madura

La primera cualidad que Pablo menciona para las viudas de la iglesia es que estas tengan por lo menos sesenta años de edad (5:9). En muchas culturas es común asociar esa edad con la madurez. Recuerde, sin embargo, que esa edad límite está asociada con su cualidad como obrera en la iglesia, no para recibir apoyo económico (para lo que la necesidad, no la edad, es la principal consideración).

Una esposa devota

"Que haya sido esposa de un solo marido" (v. 9) es literalmente traducido "una mujer de un solo hombre". Pablo no se refería a una mujer que se había casado solo una vez porque dice en el versículo 14 que es mejor que las viudas jóvenes se casen y que una viuda puede "casarse con quien quiera, con tal que sea en el Señor" (1 Co. 7:39). Más bien, estaba enfatizando la devoción que muestra hacia el marido cuando este aún vivía. Era conocida por su fidelidad a él, y su matrimonio no tenía tachas.

Una madre devota

"Ha criado hijos" (1 Ti. 5:10). Sugiere que sus hijos se benefician espiritualmente de su influencia piadosa. Reciben alimento en un ambiente espiritual. Ser madre es uno de los más grandes privilegios que una mujer puede tener a causa de su efecto en el carácter de sus hijos. Eso no significa que una mujer sin hijos tiene menos valor para Dios. Pero criar niños es lo normal para muchas mujeres, y la madre que continúa "en fe, amor y santificación con modestia" (1 Ti. 2:15) es un modelo que otras mujeres deben imitar.

Hospedadora

"Si ha practicado la hospitalidad" (5:10) principalmente se refiere a hospedar a misioneros, evangelistas y a otros cristianos que viajaban con frecuencia. Muchas veces buscaban refugio de sus perseguidores, de modo que era un ministerio vital. La recomendación que la Biblia hace de Febe como alguien que "ha ayudado a muchos" probablemente incluía, entre otras cosas, su ayuda a los santos que viajaban (Ro. 16:1-2).

Humilde

"Ha lavado los pies de los santos" (1 Ti. 5:10) se refiere a una tarea servil frecuentemente reservada para los esclavos. En los tiempos antiguos todos los caminos eran polvorientos o enfangados, de modo que era una cortesía común lavar los pies de los visitantes. En círculos cristianos, lavar los pies de alguien llegó a simbolizar humildad (Jn. 13:15). Cuando ven a una persona en necesidad, las mujeres piadosas deben hacer lo que puedan para ayudar a esas personas, sin importar cuan baja es la tarea. Estén preparadas: El servicio que agrada a Cristo es hecho a menudo con inconveniencia personal y no por ganancia personal.

Desinteresada

"...ha socorrido a los afligidos" (1 Ti. 5:10) habla de las que están bajo presión, ya sea mental, física o emocional. El vocablo traducido "socorrido" solo se usa aquí y en el versículo 16. Su uso en el versículo 16 indica apoyo, que podría incluir dinero, alimentos, hospedaje o consejo para aliviar las cargas de otros. Su tiempo es invertido en otros, no en ella misma.

Bondadosa

"...ha practicado toda buena obra" (v. 10) me recuerda de Dorcas, que hacía vestidos para las viudas. Las viudas lloraron cuando pensaron que habían perdido a alguien que se preocupaba tanto por ellas (Hch.

9:39). Del mismo modo, la viuda descrita aquí es alguien que ayuda a otros y es bondadosa.

Animar a segundas nupcias en casos apropiados

Las viudas de mayor edad libres de la responsabilidad de cuidar al esposo y a los hijos pueden dedicar tiempo y esfuerzo a una variedad de ministerios fructíferos. La iglesia debe animarlas con entusiasmo a hacer tal cosa, especialmente por causa de las mujeres y los niños necesitados que podrían asistir. Pero la iglesia debe dar un consejo diferente a las viudas jóvenes:

> Pero viudas más jóvenes no admitas; porque cuando, impulsadas por sus deseos, se rebelan contra Cristo, quieren casarse, incurriendo así en condenación, por haber quebrantado su primera fe. Y también aprenden a ser ociosas, andando de casa en casa; y entremetidas, hablando lo que no debieran. Quiero, pues, que las viudas jóvenes se casen, críen hijos, gobiernen su casa; que no den al adversario ninguna ocasión de maledicencia (1 Ti. 5:11-14).

Imagínese a una mujer joven, tal vez viuda mediante el divorcio, que se sienta herida y descorazonada. En la emoción del momento le dice a la iglesia, "nunca me volveré a casar. Prometo dedicar el resto de mi vida a servir al Señor. Por favor, pónganme en la plantilla para que pueda ministrar con otras mujeres". Ya que es difícil mantener un compromiso hecho durante un tiempo de dolor, la iglesia debe rehusar una petición semejante.

Para evitar la frustración

Hay todavía más razones prácticas para rehusar la petición. La primera es que es natural y beneficioso para una viuda joven desear contraer segundas nupcias después de su pena inicial. Ya que estuvo casada antes, las probabilidades favorecen que no tenga el don de soltería. Puesto que "mejor es casarse que estarse quemando" (1 Co. 7:9) a ninguna viuda joven se la debe hacer sentir que el matrimonio es una opción casual. Si una mujer se sintiera así, viviría frustrada, y tal actitud la guiaría a enfadarse contra el Señor.

En el ambiente del ministerio, una viuda joven que va de casa en casa, instruyendo y aconsejando a otras mujeres de la iglesia, podría almacenar mucha información acerca de la vida privada de esas otras mujeres. Pero si, movida por el resentimiento, ya que no quisiera servir a otros, estaría en una condición en la que podría causar mucho daño.

Para encontrar satisfacción

Como hemos visto constantemente en la Palabra de Dios, la manera en la que la mayoría de las mujeres jóvenes encuentran satisfacción es "casándose, criando hijos y gobernando la casa" (1 Ti. 5:14). Al recomendar ese planteamiento, la iglesia no le da "al adversario ninguna ocasión de maledicencia". Las necesidades de las mujeres jóvenes y de los niños serán satisfechas, las mujeres de más edad estarán más disponibles para una variedad de ministerios y son menos dadas a ser obligadas a proveer cuidado primario para los hijos de las madres que trabajan, y hombres tanto jóvenes como mayores tendrían la satisfacción de ayudar a los miembros más necesitados de la sociedad de una manera verdaderamente eficaz.

Las instrucciones de la iglesia reflejan la compasión de nuestro Señor hacia el cuidado de las viudas. Eso no significa que toda mujer joven que pierde a su esposo y no contrae segundas nupcias ha de causar problemas o se volverá chismosa. Naturalmente hay excepciones, como enseña 1 Corintios 7. Pero un esposo piadoso puede darle a una viuda atribulada el afecto y cuidado que necesita.

Cómo añadir el toque femenino

Para proporcionar equilibrio, Pablo concluye: "Si algún creyente o alguna creyente tiene viudas, que las mantenga, y no sea agravada la iglesia a fin de que haya lo suficiente para las que en verdad son viudas" (1 Ti. 5:16). Las mujeres cristianas con recursos deben sostener a cualquier viuda de la congregación para aliviar los fondos de la iglesia lo más posible. Algunas de esas mujeres podrían ser viudas. Su sostén no siempre tiene que ser financiero, podría ser alimentos, albergue o vestido.

Cuidar a mujeres en necesidad debe ser un gran gozo para nosotros porque es el gozo del Señor. Cuando la viuda que está en vuestro medio puede "venir y comer y ser saciada", "Jehová tu Dios te bendiga en toda obra que tus manos hicieren" (Dt. 14:29).

Si usted es soltera

Aunque al matrimonio puede ser una gran bendición, Dios quiere que sepa que *la vida puede ser rica tanto si está casada como si no lo está*. Ese es su mensaje en porciones escogidas de 1 Corintios 7. Ahí el apóstol Pablo presenta un contrapeso de la verdad de que el matrimonio es "una "gracia de vida": "si te casas tendrás aflicción de la carne" (v. 28). El vocablo que Pablo usa también significa "tribulación" en el Nuevo Testamento.

Además, sus intereses estarán divididos (vv. 32-35). ¿Es entonces el matrimonio algo malo? Por supuesto que no. Exploremos la perspectiva equilibrada que Pablo presenta para conseguir una mejor comprensión.

Celebremos la soltería

En el versículo 1, Pablo comienza diciendo: "...bueno le sería al hombre no tocar mujer". "Tocar mujer" era un eufemismo judío común que significa relaciones sexuales. Pablo dice que es bueno no estar implicado en relaciones sexuales, que es bueno estar soltero. Esa es una afirmación importante, especialmente porque las personas en la sociedad y aún en la iglesia pueden ser insensibles, altaneras y rudas hacia los que son solteros, asumiendo que algo está mal con ellos o que están desesperados por casarse.

La vida soltera era todavía peor en tiempo de Pablo. La enseñanza judía no bíblica contendía que si uno no tiene esposa era un pecador. Según los rabinos, había siete clases de personas que no podían ir al cielo, y en primer lugar estaba un judío que no tenía esposa. En segundo lugar estaba una esposa que no tenía hijos. Su teoría era que si Dios dijo "fructificad y multiplicaos" (Gn. 1:28), eras desobediente si permanecías soltero.

Dios declaró al crear que "no es bueno que el hombre esté solo; le haré ayuda idónea para él" (2:18). Es verdad que todas las personas necesitan compañía, pero uno puede estar soltero y no estar solo. Usted puede tener amigos, y Dios traerá personas a su vida para satisfacer su necesidad de compañerismo. La soltería delante del Señor es un estado bueno, honorable y excelente.

La dificultad de ser soltero o soltera

La soltería no carece de problemas, sin embargo, es por eso que Pablo dice: "pero a causa de las fornicaciones, cada uno tenga su propia mujer, y cada una tenga su propio marido" (1 Co. 7:2). Debido a que los deseos sexuales insatisfechos pueden ser muy fuertes, los que no están casados pueden sufrir una gran tentación, especialmente en sociedades como la nuestra donde la libertad sexual es abiertamente practicada e incluso glorificada.

Ningún pecado que una persona comete tiene más escollos empotrados que el pecado sexual. Ha roto más matrimonios, destrozado más hogares, causando más congoja y enfermedad y destruido más vidas que las drogas y el alcohol juntos. Es por eso que leemos en el Nuevo Testamento: "pues la voluntad de Dios es vuestra santificación.; que os apartéis de fornicación; que cada uno de vosotros sepa tener su propia esposa en santidad y honor" (1 Ts. 4:3-4). Todo creyente debe mantener su propio cuerpo bajo control.

Hablando del peligro del celibato, Pablo no está denigrando la institución del matrimonio al sugerir que el matrimonio es la válvula de escape de Dios para los impulsos sexuales. Dice, sin embargo, que es normal casarse porque es normal tener un deseo físico.

El don de la soltería

Para aclarar su postura Pablo dice:

> Quisiera más bien que todos los hombres fuesen como yo; pero cada uno tiene su propio don de Dios, uno a la verdad de un modo, y otro de otro. Digo, pues, a los solteros y a las viudas, que bueno les fuera quedarse como yo; pero si no tienen el don de continencia, cásense, pues mejor es casarse que estarse quemando" (1 Co. 7:7-9).

Algunos cristianos no están casados porque tienen un don especial de Dios y están singularmente preparados por el Espíritu Santo para la soltería. Las personas que tienen el don de célibes disfrutan de ser solteros y no son tentados a caer en pecado sexual ni preocuparse con el matrimonio. Cuando surge la rara ocasión, estos son capaces de controlarla rápidamente. Jesús se refirió a este don cuando dijo: "Pues hay eunucos que nacieron así del vientre de su madre, y hay eunucos que son hechos eunucos por los hombres, y hay eunucos que a sí mismos se hicieron eunucos por causa del reino de los cielos..." (Mt. 19:12). El último grupo de personas solteras mencionado por Jesús decidió no casarse para poder servir plenamente al Señor y a su reino. Primera Corintios 7 aclara que la capacidad para hacer esa decisión es un don del Espíritu Santo.

Las personas solteras confrontan muchas presiones en la sociedad moderna, especialmente cuando se considera el énfasis actual dado al matrimonio y a la familia. Se ha dicho que la sociedad para las personas solteras alcanza su cenit durante los días de fiesta, especialmente para los padres solteros. Pero usted no tiene que sentirse así. Si Dios le ha dado el don de la soltería, acepte que ese es su plan. Puesto que Él es un Dios amante e infinitamente sabio, Él tiene en el fondo lo mejor para la vida de usted.

¿Y qué si piensa que no tiene el don?

En 1 Corintios 7:8 Pablo se dirige a los "los solteros" (un vocablo que en este contexto probablemente se refiere a individuos divorciados) y a viudas. Al decir: "que bueno les fuera quedarse como yo", se identifica con ellos en vez de hacerlo con "vírgenes" (v. 25, individuos que nunca se han casado). Es posible que Pablo fuera viudo. En el versículo 9 admite que ya sea que alguien hubiera estado previamente casado o no, podría resultar muy difícil para alguien permanecer soltero: "pero si no tiene don de continencia, cásese, pues mejor es casarse que estarse quemando".

Los que creen que no tienen el don de soltería pueden frustrarse cuando parece que no encuentran una pareja para casarse. Si usted está en esa situación, no se preocupe por su situación, sino por el reino del Señor. He aquí el porqué: *La mejor manera de encontrar a la persona correcta es ser la persona correcta.* Si vive una vida recta y no tiene el don de soltería, descanse seguro de que Dios proveerá un compañero para usted. ¿Cómo podría Él querer que usted se case y no proveerle un compañero para su vida?

Una vez que encuentre a la persona correcta y decida casarse, asegúrese de hacerlo pronto debido a la tentación que confrontará. Como Pablo dice: "es mejor casarse que estarse quemando". El matrimonio fue diseñado para ayudarlo a estar sexualmente satisfecho. Los problemas prácticos de un matrimonio temprano no son comparables con los serios peligros de la inmoralidad. No estoy abogando a que entre en el matrimonio para satisfacer sus deseos sexuales, pero hay que comprender que no hay ningún beneficio en mantener un compromiso muy largo.

He aquí algunas ideas prácticas que las personas solteras, (tengan o no el don de soltería), pueden hacer para controlar sus deseos sexuales.

Controle lo que entre a su mente

Su mente controla sus emociones y comportamiento (vea Pr. 23:7). En vez de exponerse a música, películas, libros, programas de televisión y anuncios con referencias implícitas o explícitas a comportamientos y actitudes inmorales, llene su mente con la verdad divina y sea un estudiante dedicado de las Escrituras.

Evite situaciones tentadoras

La Biblia no nos dice que permanezcamos firmes y combatamos contra la tentación sexual sino, más bien, que huyamos de ella (1 Co. 6:18; 2 Ti. 2:22).

Sea responsable ante un amigo cristiano

Podría ser mejor para usted evitar vivir o viajar solo. Confíe regular y honestamente en alguien que sea confiable, maduro, comprensible y ríndale cuentas.

Este satisfecho

Reconozca que, por ahora, Dios ha escogido que viva sin el disfrute del sexo. Y, Él ha prometido no permitir ninguna tentación en su vida que sea tan fuerte que usted no la pueda controlar (1 Co. 10:13). Sabiendo eso le ayudará a decir con Pablo: "...he aprendido a contentarme cualquiera que sea mi situación" (Fil. 4:11).

Busque el amor, no el matrimonio

Muestre el amor de Cristo a todos sus hermanos y hermanas cristianos y deje que Dios produzca un matrimonio si es su voluntad. Las personas que hacen del matrimonio su meta frecuentemente terminan casándose con la persona equivocada. No se preocupe por encontrar a la persona correcta. En su lugar, trate de ser la persona que Dios quiere que usted sea. Comprenda que Dios lo guiará, en su tiempo, a la persona que ha escogido para usted.

Las ventajas de ser soltero

Mucha de la literatura contemporánea y programas para los solteros está dirigida a ayudarlos a "soportar" mientras esperan por el matrimonio. Estos parecen reflejar una subyacente suposición de que la soltería no es del todo normal y ciertamente no es deseable. En lugar de llenarse de pánico si su hijo o hija no se ha casado el llegar a cierta edad, los padres piadosos considerarán si es el plan de Dios que sus hijos sean solteros. Primera Corintios 7:25-40 es una referencia disponible para ellos y para el resto de nosotros. Ahí Pablo escribe acerca de las muchas ventajas de ser solteros.

Menos presión del sistema

La primera ventaja que Pablo menciona es esta: "Tengo, pues, esto por bueno a causa de la necesidad que apremia; que hará bien el hombre en quedarse como está" (v. 26). Es natural para un nuevo cristiano encontrar algún grado de conflicto con el mundo impío. La persecución ya es algo suficientemente difícil para un soltero, pero los problemas y el dolor se multiplican para el que está casado.

Si Pablo hubiera estado casado, sus sufrimientos se habrían acrecentado. Hubiera estado preocupado por su familia, y atormentado sabiendo que ellos estaban preocupados por él. Su familia habría sufrido todas las veces que él fue golpeado, apedreado y encarcelado y habrían estado constantemente temerosos por su vida. ¿Quién los habría cuidado en su ausencia? Sus problemas prácticos se habrían aumentado y la efectividad de su ministerio habría disminuido. Los creyentes casados que pasan por algún tipo de confusión social no pueden librarse de llevar una carga mucho más pesada que aquellos que son solteros.

Menos problemas de la carne

Los solteros que escogen casarse tienen la libertad de hacerlo "…pero los tales tendrán aflicción de la carne" (v. 28). Todos estamos sujetos a limitaciones de la carne. Ya es lo suficientemente difícil para un pecador vivir consigo mismo mucho más aún con otro pecador. Los problemas de la naturaleza humana se multiplican con el matrimonio. Cuando se añaden niños a la mezcla, quienes han nacido pecadores, estos tendrán una medida de conflicto uno con el otro y con sus padres.

Aun en los mejores matrimonios, ambos cónyuges tienen algún grado de ira, egoísmo, deshonestidad, orgullo, negligencia, desconsideración. Si Dios le ha dado a usted el don de soltería, es mejor permanecer así para evitar los problemas que nuestra estructura humana trae a nuestro matrimonio.

El matrimonio no debe contemplarse simplemente como un medio de escape. La soledad y la tentación sexual no son erradicadas una vez que encuentra un compañero o compañera para su vida. El matrimonio es el camino correcto solo por una razón: Cumplir la voluntad de Dios.

Más distanciamientos de este mundo pasajero

El matrimonio, tan maravilloso como es, algún día pasará con el mundo, junto con el llanto, goces terrenales y propiedades (vv. 29-32). Los matrimonios piadosos son "hechos en el cielo", pero no se trasladarán al cielo. Ese pensamiento molesta a muchas personas porque asumen que cuando se casan, siempre estarán casados. Pero el matrimonio no es eterno.

Jesús dijo: "Porque en la resurrección ni se casarán ni se darán en casamiento, sino serán como los ángeles de Dios en el cielo" (Mt. 22:30). Aunque los ángeles no procrean, son normalmente identificados mediante el género masculino en las Escrituras, y cuando aparecen, lo hacen en forma masculina. Debido a eso y porque el Señor Jesús resucitado retuvo su género, podemos suponer que retendremos nuestro género en la eternidad. De modo que ¿por qué no habrá matrimonio en el cielo? Porque no sería necesario. Dios creó el matrimonio porque el hombre necesitaba una ayuda y la mujer necesitaba un protector, y juntos los dos producirían hijos. En el cielo, el hombre no necesitará una ayuda porque será perfecto. Y nadie nacerá en el cielo porque solo los redimidos pueden vivir allí.

Alguien podría pensar: *Pero estoy felizmente casado. Amo a mi esposa. Ella es mi mejor amiga y mi más querida compañera en cada área de mi vida.* ¡Eso está muy bien! Disfrutará de esa compañía con ella en el cielo para siempre, y también con todos los demás que estarán en el cielo. El cielo es un lugar donde no habrá parcialidad: Nos amaremos unos a otros de igual manera.

Los que permanecen solteros pueden tener una ventaja ahora, saboreando esa futura experiencia de la realidad celestial. No obstante, el centro de atención de todo cristiano, ya sea soltero o casado, debe estar "en las cosas de arriba, no en los de tierra (Col. 3:2). El apóstol Juan advierte a todo creyente: "No améis al mundo, ni las cosas que están en el mundo, si alguno ama al mundo, el amor del Padre no está en él... Y el mundo pasa, y sus deseos, pero el que hace la voluntad de Dios permanece para siempre (1 Jn. 2:15,17). Usted puede amar a su cónyuge y al mismo tiempo mantener sus prioridades para Dios en la perspectiva correcta.

Liberado de las preocupaciones del matrimonio

Hay ciertas preocupaciones que inundan su mente cuando está casado. Como dice Pablo: "pero el casado tiene cuidado de las cosas de mundo, de cómo agradar a su mujer" (1 Co. 7:33). Necesita seguro de vida porque si muere súbitamente, su familia tendrá para sus necesidades. Cuando su familia crece, por seguro que usted necesitará una casa más grande y un automóvil más adecuado. También necesitará ahorrar para la educación de sus hijos. Encima de todo eso, necesita ser sensible a las necesidades emocionales y espirituales de la familia.

Una persona soltera, sin embargo, "tiene cuidado de las cosas del Señor" (v. 32). Eso, por supuesto, no significa que todos los solteros están más dedicados a Jesucristo, sino que la persona soltera tiene el potencial para esa clase de devoción. Tiene una carga principal: La suya propia que, es de esperarse, sea la misma que la de Dios. La persona casada, por lo tanto, tiene sus intereses divididos: Los que pertenecen al Señor y los que pertenecen a su familia. No es que esa división de intereses sea mala. Ese es el diseño de Dios. Inherente en el matrimonio, sin embargo, está la incapacidad de tener un objetivo único.

Cuando estuve en Quito, Ecuador, tuve el privilegio de conocer a Rachel Saint, una mujer soltera que ha dado su vida para discipular a los aucas, una tribu indígena. Por la gracia de Dios, ella y muchos como ella están completamente dedicados al Señor sin impedimentos. Frecuentemente pienso que *aquellos dotados con el don de soltería posiblemente son las personas más satisfechas que hay* porque no necesitan a alguien más para sentirse realizadas.

No encontrarse atado a una relación para toda la vida

Pablo concluye su discusión acerca de la soltería con este último punto: "La mujer casada está ligada por la ley mientras su marido vive; pero si su marido muriere, libre es para casarse con quien quiera, con tal que sea en el Señor. Pero a mi juicio, más dichosa será si se quedare así; y pienso que también yo tengo el Espíritu de Dios (vv. 39-40). En otras palabras, puesto que el matrimonio es un compromiso para toda la vida, piénselo seriamente antes de casarse.

Los creyentes que han enviudado no están obligados a permanecer solteros, pero si se vuelven a casar, debe ser con otro creyente; "noviazgos evangelísticos" no es un tarea legítima desde la perspectiva de Dios. Los cristianos deben casarse solo con quienes están en la familia de Dios (1 Co. 9:5; 2 Co. 6:14; Dt. 7:1-4).

Al recomendar la soltería, Pablo no da una orden, sino un consejo. Necesitamos considerarlo cuidadosamente puesto que habla como "apóstol de Jesucristo por la voluntad de Dios" (1 Co. 1:1). Sus convicciones y consejo con respecto a la soltería y al matrimonio, y todos los demás asuntos, son los del mismo Señor.

El mensaje de 1 Corintios 7 es que los que poseen la gracia especial de Dios para ser solteros serían más felices si permanecen solteros, y todos los demás serán más felices si se casan como Dios los guía. El matrimonio no impide una gran devoción hacia Cristo ni tampoco ser soltero lo garantiza, pero por definición es más fácil para una persona soltera concentrarse en las cosas de Dios. Quizá Dios lo llamará a usted o lo ha llamado a experimentar "la gracia de la vida" (1 P. 3:7). Tal vez no lo libre de la "aflicción de la carne" (1 Co. 7:28).Cualquiera que sea su situación, siéntase satisfecho con permanecer como está, algo que Pablo señala en cuatro ocasiones en 1 Corintios 7 (vv. 17, 20, 24, 26). Haciendo en todo momento su mejor esfuerzo para servir a Dios y a su pueblo en esta vida. El nexo de amor que cultive ahora se extenderá hasta la perfección en la vida venidera.

Tercera parte
El diseño de Dios para la iglesia

Capítulo 6

Los hombres que dirigen la iglesia

Si fuera a escoger al azar una iglesia en su vecindad para visitarla un domingo en la mañana, podría encontrar una escena muy diferente de la que habría encontrado hace veinticinco años. Dependiendo de la denominación que visite, habría un doce por ciento de probabilidades de encontrar a una mujer dirigiendo el culto de adoración, ya sea leyendo las Escrituras o predicando el sermón. Y ese porcentaje probablemente aumente, no disminuya.

Nuestra sociedad concede aprobación entusiasta a esa tendencia. Compruebe este titular de un capítulo titulado: "Al infierno con el sexismo: Mujeres en la religión" en *Megatendencias para mujeres:*

> Las mujeres de finales del siglo XX están revolucionando a la institución más sexista de la historia, la religión organizada. Derrumbando milenios de tradición, están desafiando a las autoridades, reinterpretando la Biblia, creando sus propios servicios, inundando seminarios, consiguiendo el derecho a la ordenación, purgando el lenguaje sexista de la liturgia, reintegrando valores femeninos y asumiendo posiciones de liderazgo (Patricia Aburdene y John Naisbitt [Nueva York: Fawcett Columbine, 1992], 119).

Luego los autores prosiguen a documentar esas actividades. Vale la pena observar algunos ejemplos.

- Según una "Foto de portada del *USA Today*" publicada el 29 de marzo de 1993, las mujeres constituyen el doce por ciento de los sacerdotes episcopales, ministros presbiterianos y rabinos judíos reformados, como también el once por ciento de los ministros metodistas. Las mujeres forman el nueve por ciento de los pastores bautistas y el dos por ciento de los rabinos judíos conservadores" (p. 128).

- "El número de mujeres norteamericanas plenamente ordenadas se ha *duplicado* entre los años 1977 al 1986, hasta alcanzar 21.000... hay más de 30.000 mujeres en el ministerio hoy. La cantidad de 21.000 va rumbo a duplicarse otra vez, a 42.000, para finales de los años 90" (p. 128, cursivas en el original).

- "En 1987 las mujeres representaban menos del diez por ciento de los ministros. Pero en los años siguientes el porcentaje alcanzará la sorprendente cantidad de veinticinco al treinta por ciento. La razón: un gran aumento de mujeres seminaristas" (p. 129).

- Una tercera parte de los 56.000 estudiantes en seminarios acreditados por la Asociación de Escuelas Teológicas son mujeres comparado con una octava parte hace diez años y casi ninguno hace veinte años" (p. 129).

Añádase a esas estadísticas estas preocupantes tendencias: la ascendente teología feminista enseña que Dios no es masculino, Dios no existe en una forma trinitaria, Jesús fue un feminista y que la verdadera historia de las mujeres fue editada fuera del ámbito de la Biblia. Los valores femeninos también están en la vanguardia: Aburdene y Naisbitt, editores de la revista *Megatendencias para mujeres,* afirman que una vez que las perspectivas de las mujeres "alcanzan mayor poder", [eso] indicará cambios revolucionarios en la política de la iglesia (p. 133). Y ya por años hemos visto un avance de los intentos de purgar la terminología masculina de las traducciones de la Biblia.

Todo eso no se limita, sin embargo, a las iglesias, y a las denominaciones liberales. Aburdene y Naisbitt citan con aprobación a la organización Christians for Biblical Equality [Cristianos por la igualdad bíblica] (La organización mencionada en el cap. 1), la cual dice: " 'Tanto' las mujeres como los hombres ejercen las funciones proféticas, sacerdotales y reales de "la iglesia" ' (p. 128, citado de "Women Served as Priests" ["Las mujeres servían como sacerdotes"], Grand Rapids Press, 9 de noviembre de 1991). Las iglesias evangélicas son igualmente susceptibles a la embestida feminista, y una vez que consigue afianzarse, podemos seguramente ver el desarrollo de tendencias similares dentro de la comunidad evangélica a través de los próximos veinte años.

Lo que está en juego hoy es el perfecto diseño de Dios para su Iglesia, un diseño que refleja el principio de autoridad y sumisión operativos tanto en la sociedad como en la familia. Aunque no se discute la igualdad del hombre y la mujer como creyentes en Cristo, Dios específicamente llama a hombres cualificados para guiar su Iglesia.

Las mujeres tienen oportunidades singulares para servir en la iglesia y en muchos aspectos contribuyen a su calor y su profundidad. Pero el diseño básico de Dios para el liderazgo de la iglesia es que los hombres ejerzan la autoridad. Para ver cómo su plan para la función de hombres y mujeres en la iglesia toma cuerpo, necesitamos acudir al Nuevo Testamento. Un texto verdaderamente definitivo aparece en la primera carta de Pablo a Timoteo. Toda la carta se centra en establecer el criterio de Dios para el orden en la vida de la iglesia.

La oración

En 1 Timoteo 2:8 Pablo comienza con esta responsabilidad para los hombres: "Quiero, pues, que los hombres oren en todo lugar, levantando manos santas, sin ira ni contienda". Ese texto establece el telón de fondo para el llamado a la oración; "pues" se refiere a los primeros siete versículos de 1 Timoteo 2, que trata de la importancia de orar por todas las personas, especialmente por las autoridades no cristianas. La singular responsabilidad de ofrecer oraciones públicas por los perdidos es la responsabilidad especial para los hombres. El contexto anterior inmediato deja en claro que la cuestión es la salvación:

> Exhorto ante todo, a que se hagan rogativas, oraciones, peticiones y acciones de gracia, por todos los hombres; por los reyes y por todos los que están en eminencia, para que vivamos quieta y reposadamente en toda piedad y honestidad. Porque esto es bueno y agradable delante de Dios nuestro Salvador, el cual quiere que todos los hombres sean salvos y vengan al conocimiento de la verdad. Porque hay un solo Dios, y un solo mediador entre Dios y los hombres, Jesucristo hombre, el cual se dio a sí mismo en rescate por todos, de lo cual se dio testimonio a su debido tiempo. Para esto yo fui constituido predicador y apóstol (digo verdad en Cristo, no miento), y maestro de los gentiles en fe y en verdad (vv. 1-7).

El vocablo griego traducido "hombres" en el versículo 8 se refiere a un hombre no en el sentido genérico, sino a hombres en contraste con mujeres. Los hombres han de ser los líderes cuando la iglesia se reúne para la adoración corporativa. En la sinagoga judía, solo a los hombres se les permitía orar, y esa práctica se continuó en la iglesia. La frase griega traducida "en todo lugar" ["en cualquier lugar"] se refiere a una asamblea oficial de la iglesia (1 Co. 1:2; 2 Co. 2:14; 1 Ts. 1:8). Pablo quería decir que no importaba dónde la iglesia se reúna oficialmente, hombres escogidos deben dirigir la oración pública.

Hay quienes afirman que eso contradice a 1 Corintios 11:5, donde Pablo permite a las mujeres orar y proclamar la Palabra. Ese pasaje, sin embargo, debe interpretarse a la luz de 1 Corintios 14:34, que prohíbe a las mujeres hablar en la congregación. Y como descubrimos en el capítulo 2, a las mujeres se les permite orar y proclamar la Palabra, pero no cuando la iglesia se reúne para su culto de adoración oficial. Eso de ningún modo rebaja a las mujeres a una categoría espiritual inferior (vea Gá. 3:28), no todos los hombres proclaman la Palabra en la asamblea, solamente aquellos llamados y dotados para hacerlo.

"Levantando manos santas, sin ira ni contienda" especifica cómo esos hombres han de orar. Era costumbre de los israelitas alzar las manos mientras oraban (vea Sal. 134:2) como un gesto para indicar que la oración era ofrecida y como preparación para recibir la respuesta. El énfasis en el mandamiento no es alzar nuestras manos literales, sino que nuestra adoración debe ofrecerse en *santidad*. De modo que es una metáfora que expresa pureza de vida. Aquí vemos una cualidad específica para los hombres seleccionados para dirigir en oración durante la adoración pública: Deben vivir vidas santas. Y su actitud interior es "sin ira ni contienda". Los líderes de la iglesia no deben caracterizarse ni por la ira ni por la contienda. Deben tener un corazón amoroso y pacífico. Guiar la congregación a Dios es una función sacerdotal. Como en el Antiguo Testamento, todos los sacerdotes que guiaban el pueblo a Dios en la adoración pública eran hombres (Éx. 28:1; 32:26-29; Lv. 8:2; Nm. 8:16-26).

El liderazgo

No todos están hechos para el liderazgo en la iglesia. Esa es la razón de por qué Pablo en 1 Timoteo 3:1-7 amplía su instrucción para los hombres cuando describe las categorías y las calificaciones para el liderazgo en la iglesia. Después de dirigir algunas instrucciones a las mujeres en la iglesia (algo que examinaremos en el próximo capítulo), Pablo dice: "Palabra fiel; Si alguno anhela obispado, buena obra desea" (v. 1).

Un requerimiento esencial para un líder de la iglesia es que sea un hombre. El pronombre indefinido *tis* ("alguno") debe tomarse aquí como masculino, en concordancia con la forma masculina de los adjetivos de los versículos 2-6. También, una mujer difícilmente podría ser "hombre de una sola mujer" (v. 2), tampoco en aquellos días las mujeres eran cabeza de sus hogares (vv. 5-6). Las mujeres desempeñan un papel sumamente vital en la iglesia, el hogar y la sociedad. Ese papel, sin embargo, no incluye el liderazgo sobre el pueblo de Dios. Aunque tanto el hombre como la mujer pueden servir de maneras muy variadas bajo la categoría general y amplia de diácono (vea 8-13), Pablo deja bien claro que el liderazgo de la iglesia está limitado a los hombres.

"Obispado" o "sobreveedor" se refiere a aquellos hombres que son llamados por Dios para guiar a su Iglesia. En el Nuevo Testamento los vocablos "sobreveedor", "pastor" y "anciano" se refieren al mismo cargo (vea Hch. 20:28; Tit. 1:5-9; 1 P. 5:1-2). Entre sus responsabilidades están gobernar, predicar y enseñar (1 Ti. 5:17), orar por los enfermos (Stg. 5:14), cuidar de la iglesia, y establecer un ejemplo digno de ser seguido por otros (1 P. 5:1-2), consolidar la política de la iglesia (Hch. 15:22ss) y ordenar a otros líderes.

El carácter y la efectividad de cualquier iglesia están directamente relacionados con la calidad de su liderazgo. Es por eso que la Biblia enfatiza la importancia de un liderazgo capacitado para llevar a cabo las funciones de la iglesia y precisa los criterios específicos para evaluar a los que han de servir en esa santa posición. La incapacidad de adherirse a esos criterios ha causado muchos de los problemas que confrontan a la iglesia a través del mundo hoy.

De manera muy significativa, la descripción de Pablo acerca de los requisitos para los sobreveedores se centra en su carácter en vez de en su función. Eso se debe a que un hombre es cualificado por lo que él *es, no por lo que hace*. Si peca, está sujeto a la disciplina delante de toda la congregación (5:20). La iglesia debe vigilar cuidadosamente la integridad de su liderazgo.

Las cualidades espirituales para el liderazgo no son negociables. Estoy convencido de que forman parte de lo que determina si un hombre en verdad ha sido llamado por Dios para el ministerio. Las escuelas bíblicas y los seminarios pueden ayudar a preparar a un hombre para el ministerio, los administradores de la iglesia y los comités de púlpito pueden ofrecerle oportunidades para servir, pero solo Dios puede llamar a un hombre y hacerlo apto para el ministerio. Y ese llamado no está en función del análisis de los talentos que uno tenga y luego seleccione las mejores opciones para una carrera. Es una obligación generada por el Espíritu para ser un hombre de Dios y servir al Señor en la iglesia. Aquellos a quienes Dios llama cumplirán los requisitos.

¿Por qué el listón es colocado tan alto? Porque cualquier cosa que los líderes sean, lo será la gente. Como dijo Oseas: "Y será el pueblo como el sacerdote…" (Os. 4:9). Jesús dijo: "… más todo el que fuere perfeccionado, será como su maestro" (Lc. 6:40). La historia bíblica demuestra que difícilmente el pueblo se alzará por encima del nivel espiritual de sus líderes.

Algunos de ustedes estarán pensando que esas aptitudes no son aplicables a su vida porque no sienten el llamado de Dios. Pero la única diferencia significativa entre las aptitudes de un anciano y las de un diácono es que el anciano debe estar capacitado para enseñar (vea 1 Ti. 3:1-7 y 8-13). Además, Pablo aplica la mayoría de esas cualidades de carácter a todos los creyentes en sus otras cartas. De modo que en ese sentido, tanto si es usted hombre o mujer, esas cualidades deben ser las metas en su vida cristiana. Pero si es un hombre en busca de una posición de liderazgo, tiene que cumplir las aptitudes requeridas.

Pablo comienza afirmando que el hombre que desea asumir el cargo desea una buena obra (v. 1) pero nadie debe jamás ser colocado en un cargo de líder en la iglesia solo sobre la base del deseo. Es la responsabilidad de la iglesia afirmar las aptitudes de un hombre para el ministerio midiéndolo según el criterio de Dios para el liderazgo como lo establecen los versículos 2-7.

Ser irreprensible

Un requerimiento fundamental y funcional para un sobreveedor es que este "sea irreprensible" (v. 2). Es una absoluta necesidad. El texto griego indica que ser irreprensible es el estado presente del hombre, ha mantenido una reputación de ser irreprensible. No hay nada de que acusarlo. No se refiere a pecados que cometió antes de haber madurado como cristiano, a menos que esos pecados continúen plagando su vida.

La vida de un líder de la iglesia no puede estar deslucida por el pecado o por vicios, ya sea una actitud, un hábito o un incidente. Eso no quiere decir que tiene que ser perfecto, pero no debe haber defectos manifiestos en su carácter. Debe ser un modelo de piedad para que legítimamente pueda llamar a su congregación a seguir su ejemplo (Fil. 3:17). Ese es un criterio elevado, pero no es un doble criterio. Puesto que usted es responsable de seguir el ejemplo de sus líderes piadosos (He. 13:7,17), Dios exige que sea irreprensible también. La diferencia es que ciertos pecados pueden descalificar a los líderes de la iglesia. No obstante, Dios requiere que todos los creyentes sean irreprensibles (vea Ef. 1:4; Fil. 1:10; Col. 1:22; 2 P. 3:14; Jud. 2-4).

El líder de una iglesia se descalifica a sí mismo cuando su injusticia dice a otros que uno puede vivir en pecado y todavía ser un líder espiritual. Las personas maliciosas siempre buscan maneras para desacreditar la reputación de Cristo y de su Iglesia. Un líder en pecado se convierte en presa fácil de ellos, dándole una oportunidad sin paralelo para justificar su incredulidad.

No es una coincidencia que muchos pastores caigan en pecado y se descalifican a sí mismos del ministerio. Satanás trabaja arduamente para socavar la integridad de los líderes espirituales porque al hacerlo, destruye sus ministerios y trae reproche sobre Cristo. Por lo tanto, los líderes espirituales deben guardar sus pensamientos y sus acciones cuidadosamente, y las congregaciones deben orar sinceramente por la fortaleza de sus líderes. Un pastor impío es como el vidrio de color de la ventana de una catedral: un símbolo religioso que oculta la luz. Esa es la razón de por qué la cualificación inicial para un líder espiritual es que sea irreprensible. Al precisar los otros requisitos para los sobreveedores Pablo simplemente desarrolla los aspectos particulares de lo que significa ser irreprensible.

Cualidades morales

Pablo menciona inicialmente varios requisitos morales para el anciano: "...marido de una sola mujer, sobrio, prudente, decoroso, hospedador, apto para enseñar, no dado al vino, no pendenciero, no codicioso de ganancias deshonestas, sino amable, apacible, no avaro" (1 Ti. 3:2-3).

Pureza sexual

Un líder, en primer lugar, debe ser "marido de una mujer". El texto griego dice literalmente "hombre de una sola mujer". Esa frase no se refiere para nada a su estado marital. Si está casado, debe estar dedicado exclusivamente a su esposa (vea 1 Ti. 5:9).

Es posible, sin embargo, estar casado con una mujer y aún así no ser "hombre de una sola mujer". Jesús dijo: "cualquiera que mira a una mujer para codiciarla, ya adulteró con ella en su corazón (Mt. 5: 28). Un hombre casado o soltero que desea sexualmente a una mujer no es apto para el ministerio. Un anciano debe amar, desear y pensar solo en la esposa que Dios le ha dado.

Esa cualidad era especialmente importante en Éfeso donde la iniquidad sexual estaba desenfrenada. Muchos, por no decir la mayoría, de los miembros de la congregación en alguna que otra ocasión habían caído presa del pecado sexual. Si esa era la experiencia de un hombre antes de conocer a Cristo, no era un problema (vea 2 Co. 5:17). Si ocurría después de su conversión, pero antes de que asumiera en papel de líder, sí era un problema. Si sucedía después de haber asumido la posición de líder, era definitivamente motivo para la descalificación (1 Co. 9:24-27). Esos mismos criterios aplican a los hombres en posiciones de liderazgo espiritual hoy día.

La pureza sexual es un tema principal en el ministerio, y es por eso que Pablo la colocó en la cabeza de la lista. Es en ese ámbito, por encima de todos los demás, donde los líderes están más propensos a fallar. La incapacidad de ser hombre de una sola mujer ha sacado a más hombres del ministerio que ninguna otra cuestión.

No dado a excesos

Un líder en la iglesia de Dios debe ser "sobrio". El vocablo griego traducido "sobrio" (*nephálios*) significa "sin vino" o "no mezclado con vino". Se refiere a la sobriedad, lo opuesto de la intoxicación. Porque la Palestina es tan cálida y seca, el vino era la bebida común. Aunque normalmente diluido con gran cantidad de agua, la falta de refrigeración y las propiedades fermentativas del vino significa que la intoxicación podía ser un problema.

Aun cuando el vino puede alegrar el corazón de una persona (Jue. 9:13), y era beneficioso para propósitos medicinales tal como la enfermedad estomacal (1 Ti. 5:23) y aliviar el dolor a los que estaban cerca de la muerte (Pr. 31:6), su abuso era común. Como dice Proverbios 20:1 "El vino es escarnecedor, la sidra alborotadora, y cualquiera que por ellos yerra no es sabio".

Debido a su posición, ejemplo e influencia, ciertos líderes judíos se abstenían del vino. Los sacerdotes no debían entrar en la casa de Dios mientras estaban ebrios (Lv. 10:9). Los reyes eran aconsejados a no beber vino porque podía impedirles hacer juicio correcto (Pr. 31:4-5). El voto nazareo, el compromiso espiritual más alto en el Antiguo Testamento, prohibía a los participantes que bebieran vino (Nm. 6:3). Del mismo modo, los líderes espirituales hoy deben evitar la intoxicación para que puedan ejecutar juicio responsable y presentar un ejemplo de un comportamiento controlado por el Espíritu.

Es probable que el uso primario que Pablo da *nephálios* iba más allá del sentido literal de evitar la intoxicación al sentido figurado de estar alerta y vigilante. Un anciano debe decir no a cualquier exceso en la vida que disminuye el pensar con claridad y juzgar con rectitud. El comentarista William Hendriksen dice: "Sus placeres no son principalmente los de los sentidos... sino aquellos del alma" (*Exposition of the Pastoral Epistles* [Exposición de las epístolas pastorales] [Grand Rapids: Baker, 1981], 122).

Beber es solo un área en la que puede haber exceso. La glotonería ha sido llamada el pecado del predicador, y con frecuencia esa crítica es justa. Los líderes espirituales deben ser moderados y equilibrados en cada área de su vida.

Autodisciplinado

Se deduce que un líder sobrio también sea "prudente" o autodisciplinado. El hombre sobrio evitará los excesos para poder pensar claramente, lo cual conduce a una vida ordenada y disciplinada. Sabe como ordenar sus prioridades.

Un hombre "prudente" es serio con respecto a las cosas espirituales. Eso no significa que sea frío y solemne, sino que controla su humor delante de las realidades del mundo. Un mundo perdido, desobediente a Dios y camino al infierno deja poco espacio para la frivolidad en el ministerio del pastor.

Ese hombre tiene una mente segura y constante. No es precipitado en su juicio, sino considerado, serio y cauteloso. Sigue el consejo de Pablo en Filipenses 4:8: "Por lo demás, hermanos, todo lo que es verdadero, todo lo honesto, todo lo justo, todo lo puro, todo lo amable, todo lo que es de buen nombre; si hay virtud alguna, si algo digno de alabanza, en esto pensad". Su mente está controlada por la verdad de Dios, y no por los caprichos de la carne. Jesucristo es el rey supremo sobre cada área de su vida.

Bien organizado

Se desprende que un hombre prudente vivirá una vida "respetable" y ordenada. Eso significa que maneja cada área de su vida de manera sistemática y ordenada. Su mente bien disciplinada lo guía a una vida bien disciplinada.

El vocablo griego traducido "respetable" es *kósmios* y se deriva del sustantivo *kósmos*. Lo opuesto de *kósmos* es "caos". Un líder espiritual no debe vivir de manera caótica, sino ordenadamente puesto que su trabajo implica administración, supervisión, planificación y el establecimiento de prioridades.

El ministerio no es lugar para un hombre cuya vida está en continua confusión de planes sin realizar y actividades no organizadas. A lo largo de los años he visto a muchos hombres que han tenido dificultad para ministrar eficazmente porque han sido incapaces de concentrarse en una tarea o de sistemáticamente establecer y alcanzar metas. Tal desorden es una descalificación.

Hospedador

El vocablo griego traducido "hospedador" está compuesto del sustantivo *xénos* ("extranjero") y el verbo *phileo* ("amar", "mostrar afecto"). Significa "amar a los extranjeros". De modo que la hospitalidad bíblica es mostrar bondad a los extranjeros no a los amigos. En Lucas 14:12-14 nuestro Señor dijo:

> Dijo también al que le había convidado: Cuando hagas comida o cena, no llames a tus amigos, ni a tus hermanos, ni a tus parientes, ni a vecinos ricos, no sea que ellos a su vez te vuelvan a convidar, y seas recompensado. Más cuando hagas banquete, llama a los pobres, los mancos, los cojos y los ciegos; y serás bienaventurado; porque ellos no te pueden recompensar, pero te será recompensado en la resurrección de los justos.

Comprendo que demostrar amor hacia los extraños requiere vulnerabilidad, y puede incluso ser peligroso porque alguno puede aprovecharse de nuestra bondad. Aunque Dios no nos exige que descartemos la sabiduría y el discernimiento al tratar con extraños (vea Mt. 10:16), sí nos exige amarlos mediante la hospitalidad (Ro. 12:13; He. 13:2; 1 P. 4:9).

Cuando considero mi responsabilidad de amar a los extraños, recuerdo que Dios nos recibió en su familia a nosotros que estábamos "alejados de la ciudadanía de Israel y ajenos a los pactos de la promesa, sin esperanza y sin Dios en el mundo" (Ef. 2:12). Puesto que esos de nosotros que somos gentiles hemos sido recibidos por Dios, ¿cómo podríamos rehusar recibir a extraños en nuestro hogar? Después de todo, lo que tenemos pertenece a Dios. Sencillamente somos sus mayordomos.

Un maestro cualificado

El vocablo griego "apto para enseñar" (*didáktikos*) solo se usa dos veces en el Nuevo Testamento (1 Ti. 3:2 y en 2 Ti. 2:24). Un anciano debe ser apto para enseñar. Esa la aptitud que lo separa de los diáconos y del resto de la congregación.

Alguien se preguntaría por qué Pablo incluye esa cualificación en medio de una lista de cualidades morales. Lo hace porque la enseñanza eficaz está basada sobre el carácter moral del maestro. Lo que un hombre es no puede divorciarse de lo que dice: "El que quiere decir lo que habla" escribe Richard Baxter, "seguramente hará lo que habla" (*The Reformed Pastor* [El pastor reformado] Edinburgh: Banner of Truth, 1979], 63):

Pablo repetidas veces recordó a Timoteo la prioridad de enseñar (1 Ti. 5:17; 2 Ti. 2:2,15). Aunque todos los creyentes son responsables de enseñar a otros las verdades que han aprendido en la Palabra de Dios, no todas tienen el don de la enseñanza (1 Co. 12:29). Los que aspiran al liderazgo en la iglesia, sin embargo, tienen que tener ese don.

¿Qué criterios identifican a un hombre como un maestro capacitado? Hay varios:

- Debe ser creíble y vivir lo que enseña (1 Ti. 4:12).
- Debe tener el don de la enseñanza (1 Ti 4:14; 2 Ti. 1:6).
- Debe tener entendimiento profundo de la doctrina (1 Ti. 4:6).
- Debe tener una actitud de humildad (2 Ti. 2:24-25).
- Su vida debe distinguirse por la santidad (1 Ti. 4:7; 6:11).
- Debe ser un estudiante diligente de las Escrituras (2 Ti. 2:15).
- Debe evitar errores (1 Ti. 4:7; 6:20; 2 Ti. 2:16).
- Debe ser valiente y tener convicciones firmes (1 Ti. 1:18-19, 4:11,13).

No un bebedor

El vocablo griego traducido "dado al vino" (*pároinos*) significa "alguien que bebe". No se refiere a un borracho, esa es una descalificación obvia. La cuestión aquí es la reputación del hombre: ¿Se le conoce como un bebedor?

Ya se ha enseñado que el vocablo griego traducido "sobrio" (1 Ti. 3:3) se refiere en su sentido literal a alguien que no está intoxicado. *Pároinos*, por lo tanto, se refiere a las asociaciones que uno practique: Tal persona no visita los bares, las tabernas ni las salas de fiestas. No se encuentra cómodo en las escenas bulliciosas asociadas con la bebida. Un bebedor no tiene lugar en el ministerio porque establece un pobre ejemplo para otros al escoger tener comunión con hombres malignos en lugar de hacerlo con el pueblo de Dios.

No dado a pelear

Un líder del pueblo de Dios no debe resolver las discusiones con sus puños ni otras maneras violentas. El vocablo griego traducido "pendenciero" (*pléiktein*) significa "uno que da golpes" o "uno que pega". Un anciano no debe ser iracundo y no recurre a la violencia física. Esa cualidad está estrechamente relacionada con la de "no ser adicto [dado] al vino" porque tal violencia es generalmente asociada con personas que beben excesivamente.

Un líder espiritual tiene que ser capaz de manejar las cosas con una mente fría y un espíritu gentil. Como dijo Pablo: "Porque el siervo del Señor no debe ser contencioso..." (2 Ti. 2:24).

Perdona con facilidad los errores humanos

En lugar de ser belicoso, un líder debe ser "gentil". El término griego traducido "gentil" o "amable" describe la persona que es considerada, afable, indulgente, cariñosa y que fácilmente perdona los errores humanos.

En un sentido práctico, un líder gentil tiene la capacidad para acordarse de lo bueno y olvidarse de lo malo. No guarda un registro de los daños que las personas le hacen (vea 1 Co. 13:5). Sé de personas que han dejado el ministerio porque no pudieron sobreponerse a que alguien las criticara o las molestara. Llevan una lista de quejas que a la postre les roba del gozo de servir a otros.

Autodisciplínese a no hablar ni aún pensar acerca de los daños hechos contra usted porque tal actitud no contribuye para nada a ser productivo. Simplemente recite las penas y nublará su mente de ira.

No es contencioso

El término griego traducido "no contencioso" significa "pacífico" o "reacio a pelear". No se refiere tanto a la violencia física como a una persona contenciosa. Tener a alguien contencioso en la posición de líder resultaría en desunión y en discordia.

No ama al dinero

El amor al dinero puede corromper el ministerio de un líder porque lo tienta a contemplar las personas como medios a través de las que puede adquirir más riquezas. He aquí un simple principio que he utilizado para evitar el amor al dinero: "No ponga una etiqueta de precio a su ministerio".

Si alguien le da un donativo de dinero que no buscó, puede aceptarlo como del Señor y estar agradecido por este. Pero si procura el dinero, nunca sabrá si procede del Señor o de sus propios esfuerzos, y eso le robará del gozo de ver a Dios haciendo provisión para sus necesidades.

Líder de su familia

Primera Timoteo 3:4-5 añade que el sobreveedor debe ser alguien "que gobierna bien su casa, que tenga a sus hijos en sujeción con toda honestidad (pues el que no sabe gobernar su propia casa, ¿cómo cuidará de la iglesia de Dios?)" La vida familiar de un anciano es una cuestión muy importante. Antes de poder ser líder en la iglesia tiene que demostrar su liderazgo espiritual dentro su entorno familiar.

El vocablo griego traducido "gobierne" significa presidir o "tener autoridad sobre". Ese mismo término es traducido "gobiernen" en 5:17 con referencia a los ancianos que dirigen en la iglesia. La capacidad de un anciano para dirigir la iglesia es confirmada en su hogar. Por lo tanto, debe ser un líder espiritual enérgico en el medio familiar antes de calificar para dirigir la iglesia.

Muchos hombres gobiernan su hogar pero no lo gobiernan muy bien, no consiguen los resultados deseados. Por implicación el hogar de un hombre incluye sus recursos. Un hombre puede estar espiritual y moralmente cualificado para ser un anciano, ser apto para enseñar, y tiene una esposa e hijos creyentes que siguen el liderazgo en el hogar, pero si no gobierna bien en su casa en el ámbito financiero, está descalificado para el liderazgo espiritual. La mayordomía de las posesiones es una prueba crítica del liderazgo de un padre de familia. Su hogar es el campo de pruebas donde las capacidades de liderazgo pueden ser claramente demostradas.

Además, un líder en la iglesia debe tener "a sus hijos en sujeción con toda honestidad". Esa cualificación no va dirigida a excluir a hombres sin hijos, sino que simplemente asume que estarán presentes. El vocablo griego traducido "en sujeción" es un término militar que se refiere a poner en fila a soldados en orden de rango a los que están bajo autoridad. "Honestidad" incluye cortesía, humildad y capacidad. Podría ser traducida "respeto" o "majestuosidad". Los hijos de un anciano deben ser respetuosos y bien disciplinados, que produzcan honor para sus padres.

En Tito 1:6 Pablo añade que un anciano debe tener "hijos creyentes que no estén acusados de disolución ni de rebeldía". El vocablo griego traducido "creyentes" se refiere en ese entorno a creer el evangelio. Los hijos de un anciano deben creer el mensaje que él predica y enseña. Si son incrédulos, le roban la credibilidad al ministerio de su padre.

No existe un mejor lugar para ver el compromiso de un hombre para satisfacer las necesidades de otros que en su propio hogar. ¿Se preocupa él por su familia? ¿Está comprometido con cada miembro? ¿Trabaja arduamente para satisfacer sus necesidades? ¿Han seguido ellos su fe?

Madurez espiritual

Aunque Pablo no menciona específicamente la humildad en este pasaje, es el punto de contraste obvio en su advertencia contra el orgullo espiritual. Un anciano no debe ser "un neófito, no sea que envaneciéndose caiga en la condenación del diablo" (1 Ti. 3:6).

El vocablo griego traducido "neófito" significa "recién plantado". Un anciano no debe ser un recién convertido ni un recién bautizado. En su lugar, debe ser alguien maduro en la fe. Puesto que la madurez es relativa, el criterio de la madurez variará de congregación a congregación. Pero la cuestión es que un anciano debe ser más maduro espiritualmente que el pueblo que dirige.

El vocablo griego traducido "envanezca" significa "envuelto en humo" o "inflarse". En sentido figurado si refiere a ser nublado con el orgullo. Los nuevos cristianos deben guardarse del orgullo revelado en un falso sentido de la espiritualidad.

Limitar a un nuevo convertido del ejercicio del liderazgo espiritual no es una crítica de sus capacidades para enseñar, sus cualidades de liderazgo o su conocimiento de la Palabra de Dios. Pero elevarlo al nivel del liderazgo espiritual a la par de hombres maduros y piadosos le producirá una batalla con el orgullo.

Uno esperaría que Pablo dijera que los líderes orgullosos se volverían ineficaces o que caerían en pecado, pero en su lugar dice que caerán "en la condenación del diablo". Esa es una referencia al juicio que Dios pronunció sobre Lucifer, el diablo. Un líder orgulloso ha de incurrir en el mismo tipo de condenación, la cual es un descenso de categoría de una elevada posición. Dios hará lo mismo con cualquier hombre cuyo pensamiento esté nublado por el orgullo y cuya percepción de su propia espiritualidad es distorsionado debido a una prematura elevación al liderazgo espiritual.

El antídoto del orgullo es la humildad, lo cual es la marca de un líder espiritualmente maduro (Mt. 23:11-12). La iglesia no debe elevar a los que el Señor posteriormente tendría que cortar.

Reputación pública

El carácter piadoso de un anciano no debe manifestarse solo en la iglesia y en su hogar; "también es necesario que tenga buen testimonio de los de afuera, para que no caiga en descrédito y en lazo del diablo" (1 Ti. 3:7). "Testimonio" es la traducción de *martyría*, de donde proviene el vocablo castellano "mártir" y se refiere a la garantía del testimonio. Un hombre escogido para dirigir la iglesia debe tener una reputación en la comunidad en lo que concierne a la justicia, el amor, la amabilidad, la generosidad y la bondad. Todos no estarán de acuerdo con su teología, y seguramente tendrá que enfrentarse al antagonismo cuando tome una postura firme por la verdad de Dios. Sin embargo, los que están fuera de la iglesia tienen que reconocerlo como un hombre de impecable reputación. ¿Cómo puede un hombre tener un impacto en su comunidad si esa comunidad no lo respeta? Tal individuo no puede hacer nada, sino traer "reproche" o vergüenza sobre la causa de Cristo.

No podría contar el número de hombres que han deshonrado al Señor y a su Iglesia a causa de sus pecados. Es por eso que el anciano debe ser irreprensible en su reputación. Por cierto, ese requisito no se limita a pecados cometidos como anciano, también toma en cuenta cualquier pecado en el pasado que resulta en una mala reputación. La reputación actual de un hombre en la comunidad debe considerarse antes de admitirlo como líder espiritual.

Todo cristiano tiene que tratar con algún grado de visibilidad. Y las personas necesitan ver vidas limpias. Puede que no estén de acuerdo con sus creencias, pero necesitan ver su carácter piadoso.

Los ancianos necesitan una buena reputación delante de los que están fuera de la iglesia para que no caigan en "la condenación del diablo". Satanás intenta con todo su poder atrapar a los líderes espirituales para destruir su credibilidad y su integridad. Como todos los cristianos, los ancianos tienen áreas de debilidad y vulnerabilidad, y algunas veces caerán en una de las trampas del enemigo. Solo un hombre perfecto no tropieza (Stg. 3:2). Los ancianos, en particular, deben ser entendidos y precavidos para evitar las trampas del enemigo para que sean eficaces para alejar a otros de sus trampas.

Un llamado a trabajar

Muchos líderes de iglesias contemporáneos se tienen como hombres de negocios, ejecutivos, artistas, psicólogos, filósofos, presidentes o abogados. Pero esos papeles contrastan claramente con el simbolismo que las Escrituras usan para describir a los pastores y a los líderes espirituales de la iglesia. En 2 Timoteo 2, por ejemplo, Pablo usa siete diferentes metáforas para describir al líder espiritual. Lo describe como un maestro (v. 2), como un soldado (v. 3), como un atleta (v. 5), como un labrador (v. 6), como un obrero (v. 15), como un utensilio (vv. 20-21) y como un siervo [esclavo] (v. 24). Cada uno de esos cuadros evoca ideas de sacrificio, trabajo, servicio y privaciones. Hablan elocuentemente acerca de las responsabilidades complejas y variadas del líder espiritual. Ninguna de esas ilustraciones presenta al liderazgo como algo lleno de encanto.

Eso es porque no se supone que esté lleno de encanto. El liderazgo en la iglesia no es un manto de prestigio que se otorga a la aristocracia de la iglesia. No se gana por antigüedad, no se compra con dinero ni se hereda a través de conexiones familiares. No recae necesariamente en aquellos que tienen éxito en los negocios o en las finanzas. No se distribuye sobre la base de inteligencia, educación o talento. Sus requisitos son: carácter impecable, madurez espiritual, capacidad para enseñar, y disposición para servir con humildad.

Dios ha ordenado que el liderazgo debe ser en función de servicio humilde y amoroso. El liderazgo de la iglesia es ministerio, no administración. Dios llama a los líderes no a ser monarcas gobernantes, sino esclavos humildes, no una consumada celebridad, sino siervos laboriosos, no personalidades carismáticas, sino fieles pastores. El hombre que guía al pueblo de Dios debe, por encima de todo, ejemplificar el sacrificio, la devoción, la sumisión y la humildad.

Con el rumbo que llevan las tendencias en la iglesia, nada hay más apremiante hoy día que el regreso a los principios bíblicos del liderazgo. Hombres sólidos dispuestos a asumir las verdaderas realidades del liderazgo son honrosamente raros, aun así se necesitan más que nunca para detener la marcha intoxicante de los valores femeninos.

Permita que las palabras del presidente norteamericano Teodoro Roosevelt sean su inspiración:

> No es la crítica lo que cuenta; no el hombre que señala cómo el hombre fuerte tropieza o dónde al que hace la obra pudo haberla hecho mejor. El crédito pertenece al hombre que realmente está en el ruedo, cuyo rostro está embarrado de polvo, sudor y sangre, que lucha valientemente; que se equivoca, y se queda corto una y otra vez, porque no hay esfuerzo sin error y defectos; quien en realidad intenta hacer la

obra; quien conoce el gran entusiasmo, la gran devoción y se consume a sí mismo en una causa digna; quien, en el peor de los casos, si fracasa, al menos fracasa mientras se esforzaba sobre manera.

Mucho mejor es atreverse a grandes cosas, obtener triunfos gloriosos incluso aunque controlados por los fracasos, que pertenecer al rango de esos pobres espíritus que ni disfrutan ni sufren mucho porque viven en una penumbra gris que conoce poco ni de victorias ni de derrotas (vea Hamilton Club Speech, Chicago, 10 abril 1899).

Capítulo 7

El elevado llamado de Dios a la mujer

Ningún otro pasaje de las Escrituras ha sido sometido a un mayor escrutinio en el presente debate feminista con respecto al papel de las mujeres en la iglesia que 1 Timoteo 2:9-15. No solo capítulos, sino libros enteros han sido dedicados a refutar las interpretaciones históricas y tradicionales de este importante pasaje (p. ej. R. C. Kroeger y C. C. Kroeger, *I Suffer Not a Woman* [No permito a la mujer] [Grand Rapids: Baker, 1992]).

Para resumir la variedad de interpretaciones procedentes de feministas evangélicos y carismáticos, J. David Pawson ofrece esta reveladora paráfrasis:

Versículo 11: Tienes que enseñar a las mujeres para que ellas mismas se conviertan en maestras; como con los hombres que son enseñados, las mujeres tampoco deben interrumpir con opiniones agresivas propias.

Versículo 12: Personalmente, no hago una norma de dejar que las mujeres enseñen porque hasta aquí no han tenido la oportunidad académica de estudiar las Escrituras; afirmar sus más o menos ignorantes ideas de una manera auténtica podría considerarse como un desaire para sus maridos.

Versículo 13: Sin embargo, cuando Adán fue creado, inmediatamente recibió una colega para completarlo y complementarlo como su coigual, compartiendo completamente su doble papel de gobernar el mundo y enseñar a otros la Palabra de Dios.

Versículo 14: Satanás fue capaz de enseñar a Eva solo porque no estaba presente cuando Dios habló a Adán y tuvo solo un informe de segunda mano de lo que se dijo; Adán, por otro lado, sabía bien y su pecado, a diferencia del de Eva, era inexcusable.

Versículo 15: Es por eso que Dios habló tan tiernamente a Eva, prometiéndole reivindicar su inocencia y salvarla de la inmerecida deshora y vergüenza al escoger a una mujer para concebir a ese niño especial que derrotaría a Satanás y salvar así a todas las mujeres de fe, amor, santidad y buen sentido (*Leadership is Male* [El liderazgo es masculino] [Nashville: Thomas Nelson, 1990], 82-83).

Otros, como Gretchen Gaebelein Hull, nunca quieren ni siquiera tratar con pasajes como este y como 1 Corintios 11:2-16 y 14:33-15 porque son "demasiado difíciles" de interpretar (*Equal to Serve: Women and Men in the Church and Home* [Iguales para servir: Mujeres y hombres en la iglesia y en el hogar] [Old Tappan, N.J.: Fleming H. Revell, 1987], 183-89). Hull incluso añade a la lista Efesios 5:22-24, Colosenses 3:18, y 1 Pedro 3:1-6. En su intento por probar que la Biblia no enseña el liderazgo masculino, se ve obligada a deshacerse de esos pasajes que en verdad enseñan el liderazgo masculino. Hull concluye: "Aquellos que, como nosotros, respetan la Palabra de Dios no pueden forzar el significado donde dicho significado es poco claro. Por lo tanto, podemos poner a un lado legítimamente esas porciones de las Escrituras por la precisa razón de que estas *permanezcan* siendo "pasajes difíciles", difíciles exegética, hermenéutica y teológicamente" (p. 189).

Si todos los teólogos siguieran ese principio de interpretación, Satanás no necesitaría atacar la veracidad de las Escrituras. Solo necesitaría causar suficiente confusión sobre los "pasajes difíciles" para que los eruditos los ignoraran. John W. Robbins explica la tragedia de ese acercamiento.

La exigencia para la ordenación de mujeres, por rebelde que esto es en sí, es un síntoma de una enfermedad mucho más seria. La ordenación de mujeres podía desfigurar la iglesia, pero la enfermedad de la que es un síntoma la matará a menos que sea rápidamente diagnosticada y tratada. Esa enfermedad... es el rechazo de la inerrancia bíblica. [El profesor de un seminario] sugiere la posibilidad de que Pablo se contradijo a sí mismo. [Otro] afirma que la Biblia contiene "antinomios", una palabra suave para referirse a contradicciones. [Aún otro] se despacha a su gusto respecto de cual de los requisitos bíblicos para ancianos se propone tolerar. Si el resto de las Escrituras, los pasajes que tratan acerca de la Trinidad, la deidad de Cristo, o la justificación solo por la fe, por ejemplo, fueran sometidos a la misma mutilación devastadora como ocurre con 1 Corintios y 1 Timoteo, no quedaría ninguna verdad en nuestra teología (*Scripture Twisting in the Seminaries, Part One: Feminism,* "The Most Serious Error" [La tergiversación de las Escrituras en los seminarios, Primera parte: Feminismo, "El error más serio"] [Jefferson, Md.: The Trinity Foundation, 1985], 51, 53).

Como se ha destacado en capítulos anteriores, algunos feministas evangélicos afirman que Pablo simplemente estaba tratando con cuestiones culturales y nunca pretendió que sus instrucciones fueran más allá. Entre los que se ubican en ese campo están los Kroegers. Peter Jones comenta en su libro *I Suffer Not a Woman* [No permito a la mujer]:

> Las grandes ideas de este estudio con respecto a la respuesta bíblica de Pablo a las tergiversaciones de los gnósticos están viciadas por el rechazo del autor de esta respuesta como aplicable solo a un extremo, la situación del siglo primero. Los autores no logran ver que esa misma herejía gnóstica ha regresado con venganza mediante la enseñanza de la Nueva Era que se filtra en la iglesia y en la sociedad contemporánea, y que esa enseñanza de Pablo tal vez nunca haya sido más relevante que ahora (*The Gnostic Empire Srikes Back* [El imperio gnóstico contraataca] [Phillipsburg, N.J.: P&R., 1992, 41).

Las Escrituras son eternas, de modo que es contemporánea. Así como Dios nunca cambia, tampoco su Palabra cambia. Está tan activa y viva hoy como hace 2.000 años (He. 4:12). A pesar de la reivindicación feminista, creo que ningún pasaje es más asegurador y más urgente de ser entendido por las mujeres que 1 Timoteo 2:9-15. Al examinar las Palabras de Pablo a Timoteo con respecto a las mujeres en la iglesia en Éfeso, se pondrá de manifiesto que sus mandamientos y restricciones son un medio de gran bendición, no una declaración de una postura de segunda clase.

La iglesia de Éfeso tenía muchos problemas, uno de los cuales era el papel de las mujeres. Eso no es de sorprenderse en una iglesia plagada de falsa doctrina y falsos líderes. Algunas mujeres vivían vidas impuras (vea 5:5, 11-15; 2 Ti. 3:6), y esa indecencia se trasladaba al culto de adoración. Bajo el pretexto de ir a adorar a Dios, algunas mujeres hacían gala de su riqueza y belleza, permitiendo que su encanto sexual desvirtuara la atención del culto de adoración. Otras mujeres, deseosas de ser las maestras oficiales, estaban usurpando el papel de los hombres en la iglesia. Sus acciones revelaban sus malévolas intenciones. Ya que la adoración es central para la vida de la iglesia, esa cuestión estaba cerca de la cabeza de la lista que Pablo dio Timoteo para tratar con los efesios.

Después de su discusión de la oración evangelizadora en 1 Timoteo 2:1-8, Pablo se dirige al tema de la adoración congregacional. En ese entorno proporciona corrección para las dos áreas de abusos, y establece así directrices que traspasan el tiempo para el comportamiento de las mujeres cuando la iglesia se reúne para adorar.

Un correctivo respecto del vestido

Las primeras instrucciones de Pablo a Timoteo van encaminadas a que "las mujeres se atavíen de ropa decorosa, con pudor y modestia; no con peinado ostentoso, ni oro, ni perlas, ni vestidos costosos, sino con buenas obras, como corresponde a mujeres que profesan piedad" (vv. 9-10). Ese principio es tan aplicable hoy como lo fue cuando fue establecido.

Algunos escritores de la antigüedad han descrito cómo las mujeres se vestían en la cultura romana de los días de Pablo, lo que sin duda influyó en la iglesia en Éfeso. Los escritos de Juvenal, un maestro de la sátira del siglo primero, describen la vida diaria en el Imperio Romano. Su sexta sátira describe a mujeres preocupadas con su apariencia: "No hay nada que [semejante] mujer no se haga a sí misma, nada que considere vergonzoso, y cuando rodea su cuello con esmeraldas verdes y ata grandes perlas a sus alargadas orejas, así de importante es el negocio del embellecimiento; ¡tan numerosas son las hileras y las camadas amontonadas una sobre otra en su cabeza! ¡Mientras tanto no le presta ninguna atención a su marido!"

Plinio el joven informa que Lollia Paulina, la que fue esposa del emperador romano Calígula, tenía un vestido valorado en más de un millón de dólares, usando criterios actuales. Estaba cubierto de esmeraldas y perlas, y llevaba consigo los correspondientes recibos para demostrar el costo (*Natural History* [Historia natural] 9:58).

Las personas ricas en los tiempos antiguos podían vestirse en un estilo que era imposible de igualar por una persona pobre, en contraste con lo que ocurre hoy día, cuando la buena ropa está al alcance de la mayoría de las personas en las sociedades occidentales. Un vestido costoso usado por una mujer rica en los tiempos de Pablo podía costar hasta 7.000 denarios (un denario era el jornal diario de un trabajador). Cuando una mujer entraba en el culto de adoración vestida con semejante vestido causaba una sensación tal que interrumpía toda la reunión.

Las mujeres ricas también exhibían su riqueza mediante peinados elaborados con costosas joyas entretejidas en el peinado. Eso es lo que Pablo quiso decir con la frase "peinado ostentoso, ni oro, ni perlas" (1 Ti. 2:9).

La Biblia no prohíbe que las mujeres usen simples trenzas u oro, perlas y ropa de alta calidad. Tanto la esposa de Salomón (Cnt. 1:10) como la mujer virtuosa descrita en Proverbios 31:22 usaron ropas y joyas espléndidas, sin embargo, la Biblia si prohíbe el uso de esas cosas por motivos incorrectos.

Presentando una apariencia piadosa

El uso de ropa y joyas costosas es inapropiado para las mujeres en la iglesia. Ir a la iglesia ataviada de ese modo en el mejor de los casos es una distracción y en el peor un intento de seducir a los hombres. Viola el propósito del culto de adoración, que debe centrarse en Dios. Una mujer cristiana debe llamar la atención por su carácter piadoso, no por su belleza física.

Timoteo debía instruir a las mujeres a que "se ataviasen con ropa decorosa". El vocablo "ataviarse" es *kosmíoi* de donde de deriva el término castellano "cosmético". Significa "arreglar", "poner en orden" o "alistar". Una mujer debe prepararse adecuadamente para el culto de adoración. Parte de esa preparación implica el uso de "vestidos adecuados". El vocablo utilizado para el atavío de la mujer señala a una apariencia "bien ordenada". La palabra griega traducida "ropa" abarca no solo el vestido, sino también el comportamiento y acción. Las mujeres deben asistir al culto de adoración completamente preparadas, no en desorden ni con vestuario inadecuado o indecoroso. Aunque Pablo enfatiza el vestido en este pasaje, la actitud subyacente es la cuestión principal. El adorno exterior apropiado refleja una disposición correcta del corazón.

¿Cómo puede uno discernir la línea sutil de separación entre el vestido adecuado y aquel cuya finalidad es ser el centro de atención? La respuesta yace en la intención del corazón. Uno debe examinar sus motivos y metas para vestir de la manera como lo hace. ¿Es su intención reflejar la gracia y belleza de la feminidad? ¿Es para demostrar su amor y devoción a su esposo? ¿Es para revelar un corazón humilde consagrado a la adoración de Dios? O ¿Es para llamar la atención de usted misma, para hacer gala de su riqueza y belleza? O peor aún ¿intentar fascinar a los hombres sexualmente? El número trágico de pastores que han sucumbido a la inmoralidad indica que no todas las mujeres en la iglesia hoy día tienen totalmente motivos puros. Si usted se centra en la adoración de Dios, no tendrá que preocuparse acerca de cómo viste porque su compromiso establecerá la pauta para su modo de vestir.

Actitudes piadosas

Hay dos actitudes que deben caracterizar su acercamiento a la adoración: "modestia y decoro" (v. 9). El vocablo griego traducido "modestia" en el versículo 9 significa modestia mezclada con humildad. En su núcleo lingüístico entraña un sentido de vergüenza, no vergüenza de ser una mujer, sino vergüenza de que en algún caso incite a la lujuria o distraiga a otros de una adoración adecuada a Dios. Una mujer piadosa hará todo lo posible para evitar ser un objeto de tentación. El vocablo también tiene la connotación de rechazar cualquier cosa que traiga deshonra a Dios. Algunos incluso sugieren que significa "tristeza ocasionada por un sentimiento de pecado". Una mujer piadosa odia tanto al pecado que evitará cualquier cosa que pueda producir pecado en otros.

"Pudor" se refiere a autocontrol, especialmente respecto de pasiones sexuales. Las mujeres deben tener control sobre sus pasiones, especialmente en lo que concierne al culto de adoración.

Un folleto práctico amplía nuestra comprensión de esos dos términos, pidiéndonos considerar las siguientes definiciones del diccionario:

* Modesto: Tener consideración por la decencia en el comportamiento o en el vestido; discreto y humilde en la apariencia, el estilo, y más; no exhibir el cuerpo de uno; no ser presuntuoso o vano; sin pretensiones; virtuoso; tímida reservada; casta.

* Propio [adecuado]: Especialmente adaptado o indicado; apropiado; en conformidad con un criterio aceptado; conveniente; correcto; decente.

* Discreto: Ausente o libre de ostentación o pretensión; mostrando buen juicio; prudente; precavido; cuidadoso de lo que uno dice o hace.

El folleto prosigue diciendo:

> Nuestro cuerpo es precioso porque es un don de Dios. Es atractivo porque Dios nos hizo a su imagen para su placer (y si estamos casados, para agradar también a nuestro cónyuge). Pero Dios nunca pretendió que nos autoalagáramos o exhibiéramos nuestro cuerpo de manera indecente... (Ro. 12:1)...

> Muchos cristianos son... o inconscientes o despreocupados con respecto a los efectos que tienen en otros. Pueden incluso aparentar que sienten una verdadera emoción y amor por el Señor. Sin embargo, su cuerpo está enviando un mensaje totalmente diferente (Melody Green,

"Uncovering the Truth about Modesty" ["Desvelando la verdad con respecto a la modestia"] [Lindale, Texas: Last Days Ministries, 1982].

Un testimonio piadoso

Pablo estaba muy preocupado de que el testimonio de las mujeres fuera congruente, que exhibieran "buenas obras, como corresponde a mujeres que profesan piedad" (1 Ti. 2:10). "Profesan" proviene de *epangéllo* que significa "hacer un anuncio público". "Piedad" transmite el significado básico de reverencia hacia Dios. Cualquier mujer que públicamente anuncia su compromiso con Cristo debe apoyar esa declaración con su actitud, apariencia y conducta. Debe estar adornada "con buenas obras", no con los simples adornos externos mencionados en el versículo 9. "Buenas" se refiere a "obras" que son genuinamente buenas, no solo en apariencia.

Un cristiano adora, honra y teme a Dios. Por lo tanto, cualquier mujer que confiese ser cristiana debe conducirse de manera piadosa. Eso señala a un problema mayor con el movimiento contemporáneo de la liberación de la mujer en la iglesia. Una mujer NO DEBE afirmar que teme a Dios si al mismo tiempo descuida lo que su Palabra dice acerca de su papel. La mujer no puede violar el orden divino para la iglesia, esgrimiendo el argumento de que es para servirle a Él. Quienes profesan reverencia hacia Dios lo manifestarán mediante su actitud al venir para adorarlo.

Un correctivo acerca de la autoridad

Seguidamente Pablo dirige su atención a aquellas mujeres en la iglesia en Éfeso que pretendían hacerse cargo del ministerio de la enseñanza. En 1 Timoteo 2:11-14 escribe: "La mujer aprenda en silencio, con toda sujeción. Porque no permito a la mujer enseñar, ni ejercer dominio sobre el hombre, sino estar en silencio. Porque Adán fue formado primero, después Eva; y Adán no fue engañado, sino que la mujer, siendo engañada, incurrió en transgresión".

Las mujeres son discípulas

Pablo comienza su correctivo definiendo a las mujeres como discípulas durante el culto de adoración. No deben ser maestras en ese entorno, pero tampoco deben ser eliminadas del proceso de aprendizaje. El verbo en el versículo 11 es una forma imperativa de *mantháno,* de donde se traduce el sustantivo "discípulo". Pablo manda que las mujeres sean enseñadas o discipuladas. Puesto que esta sección de 1 Timoteo analiza cómo la iglesia debe conducirse (vea 3:15), el aprendizaje al que Pablo se refiere debía tener lugar cuando la iglesia se reunía (vea Hch. 2:42). A pesar de que algunos argumentan lo contrario, la enseñanza y la adoración no son mutuamente excluyentes. Más bien, el conocimiento de Dios y de su Palabra ayuda a estimular la adoración.

Aunque nos parecería obvio que las mujeres fueran enseñadas la Palabra de Dios, eso no era verdad para quienes (como algunos en Éfeso, vea 1 Ti. 1:7) provenían de un trasfondo judío. El judaísmo del siglo primero no estimaba a las mujeres. Aunque no eran excluidas de las sinagogas, tampoco se les animaba a aprender. Aun las religiones más antiguas (y algunas existentes hoy día) ven a las mujeres como indignas de participar en la vida religiosa. Desdichadamente ese trato histórico de las mujeres continúa incitando al feminismo moderno.

El trato tradicional de la mujer en Éfeso parcialmente explica por qué algunas en la iglesia reaccionaron exageradamente a su represión mediante la búsqueda de una posición dominante. Pablo las reprende por esa actitud. Antes de hacerlo, sin embargo, afirma su derecho a aprender.

Qué dice la Biblia

La tradición judía predominante respecto de la mujer no procedía del Antiguo Testamento, que establece claramente que las mujeres son espiritualmente iguales a los hombres en que:

- Tenían las mismas responsabilidades que los hombres: De obediencia a la ley de Dios (en Éx. 20 los Diez Mandamientos son tanto para los hombres como para las mujeres), enseñan la ley de Dios (Dt. 6:6-7 y Pr. 6:20 indican que ambos son responsables de enseñar la ley a sus hijos, lo que significa que ambos tienen que conocerla primero), y participar en las fiestas religiosas (p. ej. Éx. 12 y la Pascua).
- Tenían la misma protección que los hombres: Los castigos contra las mujeres por delitos cometidos eran los mismos castigos dados a los hombres por los mismos delitos (p. ej. Éx. 21:28-32). Dios otorga el mismo valor a la vida de un hombre que a la de una mujer.
- Hacían el mismo voto que los hombres: El nivel más alto del compromiso espiritual a la disposición de un creyente en el Antiguo Testamento era el voto nazareo, que era un acto de separación del mundo y devoción a Dios. Las mujeres igual que los hombres podían tomar ese voto (Nm. 6:2).

- Tenían el mismo acceso a Dios que los hombres: Dios trató directamente con las mujeres en el Antiguo Testamento. No utilizó a un hombre como intermediario cuando quiso comunicarse con una mujer. Por ejemplo, el Ángel de Jehová (una manifestación de Cristo antes de su encarnación) apareció a Agar (Gn. 16:8-13) y a la madre de Sansón (Jue. 13-25).

Aunque las mujeres compartían la igualdad espiritual con los hombres en el Antiguo Testamento, no tenían la misma función que los hombres:

- Ellas no servían como líderes: No hubo reinas ni en Israel ni en Judá (Atalía fue una usurpadora). Aunque es cierto que Débora sirvió como juez (Jue. 4:4—5:31), su caso fue singular. El Dr. Robert L. Saucy comenta:

Puede haber casos cuando un modelo habitual del orden de Dios tiene que ponerse a un lado debido a circunstancias especiales. Cuando, por ejemplo, el esposo y padre está ausente, la mujer de la casa asume el liderazgo de la familia. De modo que al parecer, podría haber circunstancias especiales cuando el liderazgo masculino no está presente por una u otra razón. En un momento así, Dios puede usar a mujeres para ejecutar sus propósitos tal como lo hizo con Débora ("The Negative Case Against the Ordination of Women" ["El caso negativo en contra de la ordenación de mujeres"] en Kenneth S. Kantzer and Stanley N. Gundry, eds. *Perspective on Evangelical Theology* [Perspectiva de la teología evangélica] [Grand Rapids: Baker, 1979], 285).

Débora actuó primordialmente en la función de un árbitro, no como un líder actual, lo cual explica por qué llamó a Barac cuando necesitaba liderazgo militar contra los cananeos (Jue. 4-5). No hay mención de mujeres sacerdotes en el Antiguo Testamento. Ninguna mujer escribió ninguna porción del Antiguo Testamento.

- No tuvieron ningún ministerio profético activo: Ninguna mujer en el Antiguo Testamento tuvo un ministerio profético prolongado tal como el de Eliseo o Elías. Aunque Miriam (Éx. 15:20), Débora (Jue. 4:4), Hulda (2 R. 22:14), y la esposa de Isaías (Is. 8:3) son llamadas profetizas, ninguna de ellas tuvo un ministerio prolongado. Miriam, Débora y Hulda contribuyeron solo una profecía escrita y la esposa de Isaías ninguna. Se le llama profetiza porque dio a luz un niño cuyo nombre tenía significado profético. Una quinta mujer mencionada como profetiza, Noadías, fue una falsa profetiza (Neh. 6:14). Dios habló a través de mujeres en limitadas ocasiones, pero ninguna mujer tuvo un papel sostenido de predicar y enseñar.

Tanto el Nuevo Testamento como el Antiguo enseñan la igualdad espiritual y los diferentes papeles de los sexos. Como estudiamos en el capítulo 2, Gálatas 3:28 enseña la absoluta igualdad espiritual de hombres y mujeres en Cristo. El Nuevo Testamento no trata a las mujeres como espiritualmente inferiores.

* Tienen las mismas responsabilidades que los hombres: Todos los mandamientos, promesas y bendiciones del Nuevo Testamento son dadas por igual a hombres y mujeres. Tenemos los mismos recursos espirituales y las mismas responsabilidades espirituales.

* Tienen el mismo acceso a Jesús que los hombres: La primera persona a quien Jesús se reveló como Mesías en el registro del evangelio fue una mujer (Jn. 4). Jesús sanó a mujeres (Mt. 8:14-15), mostrándoles tanta compasión como la que mostró a hombres. Las enseñó (Lc. 10:38-42) y les permitió que lo ministraran personalmente (8:3). La primera persona que vio al Cristo resucitado fue una mujer (Mr. 16:9; Jn. 20:11-18).

La distinción de funciones entre hombres y mujeres es preservada, sin embargo, porque no hay ningún registro en el Nuevo Testamento de una mujer apóstol, pastor, evangelista o anciana. En ningún lugar del Nuevo Testamento se registra algún sermón predicado por una mujer. Aunque se dice de las hijas de Felipe que profetizaban (Hch. 21:9), su papel no es definido. No hay razón para asumir que tuvieron un ministerio profético sostenido, o que profetizaban durante el culto en la iglesia. Ellas, como María la madre de Jesús (Lc. 1:46ss), o Ana (2:36-38), pudieron haber pronunciado profecías en otros lugares.

Aprendizaje limitado

Como se ha observado en el capítulo 2, 1 Corintios 11:5 enseña que las mujeres tienen libertad para hablar la Palabra en muchas ocasiones y lugares, pero las instrucciones de Pablo en 1 Timoteo les prohíbe hacerlo en la reunión oficial de la asamblea. En 1 Timoteo 2:11 califica la manera como las mujeres deben aprender: "La mujer aprenda en silencio, con toda sujeción". "Sujeción" es la traducción del vocablo griego *hypotásso* que, como se indicó en el capítulo 2, significa "colocar debajo". En el entorno del culto de adoración, entonces, las mujeres deben estar en silencio y sujetas a los líderes de la iglesia.

Hay quienes han intentado evadir el significado normal del texto con el argumento de que "en silencio" se refiere al espíritu humilde y tranquilo de una mujer. Las mujeres, se argumenta, pueden predicar o enseñar siempre y cuando lo hagan en la actitud correcta. Otros van al extremo opuesto y usan este texto para prohibir a las mujeres que hablen en la iglesia no importe la circunstancia, ¡ni siquiera con la persona sentada a su lado! Ninguna de esas dos posturas es válida. El ambiente del pasaje hace el significado de "en silencio" totalmente claro.

En el versículo 12, Pablo aclara lo que quiere decir: "Porque no permito a la mujer enseñar, ni ejercer dominio sobre el hombre, sino estar en silencio". Las mujeres deben guardar silencio en el sentido de no enseñar, y deben demostrar sujeción al no usurpar la autoridad.

El vocablo griego traducido "permito" (*epitrépo*) siempre se usa en el Nuevo Testamento con referencia a permitir a alguien hacer lo que quiere. La selección de palabras de Pablo hace pensar que algunas mujeres en Éfeso deseaban enseñar y tener autoridad. En la iglesia contemporánea, como en Éfeso, algunas mujeres están insatisfechas con el papel que Dios les ha dado. Quieren tener una posición prominente, incluyendo la oportunidad de ejercer autoridad sobre los hombres. Hay una sola manera bíblica de manejar esa situación honesta y directamente: Prohibir a las mujeres que asuman la función de autoridad del pastor-maestro en al iglesia.

El uso que Pablo hace del presente infinitivo *didáskein* traducido "enseñar" puede traducirse mejor "ser un maestro". Al usar el presente infinitivo en vez de un aoristo, Pablo no prohíbe que las mujeres enseñen bajo ninguna circunstancia, sino que les prohíbe ocupar el cargo de maestro.

Pablo también prohíbe a las mujeres el ejercicio de "autoridad sobre el hombre". El vocablo griego traducido "ejercer autoridad" (*authentein*) se usa solo aquí en el Nuevo Testamento. Hay quienes han intentado soslayar la fuerza de la prohibición de Pablo abogando que *authentein* se refiera a la autoridad abusiva o destructiva. Las mujeres, según esa postura, pueden tanto enseñar como ejercer autoridad sobre los hombres siempre y cuando no sea abusiva ni destructiva (Aida Besançon Spencer, *Beyond the Curse* [Más allá de la maldición] [Peabody, Mass.: Hendrickson, 1989], 87-88. Otros opinan que lleva la idea de "autor" u "originador", de modo que en realidad Pablo decía, "no permito a una mujer enseñar o proclamar que ella es autora del hombre" [R. C. Kroeger y C. C. Kroeger, *I Suffer Not a Woman* [No permito a la mujer] [Grand Rapids: Baker, 1992], 192). En un estudio de los usos extra bíblicos de *authentein,* sin embargo, el Dr.

George Knight concluye que el significado común es "tener autoridad sobre" (*The Pastoral Epistles: A Commentary on the Greek Text* [Las epístolas pastorales: Un comentario del texto griego] [Grand Rapids: Eerdmans, 1992], 141-42). Pablo, entonces, prohíbe a las mujeres el ejercicio de cualquier tipo de autoridad sobre los hombres en la iglesia, incluso la enseñanza.

Esas instrucciones a Timoteo repiten lo que Pablo previamente mandó a los Corintios: "...como en todas las iglesias de los santos, vuestras mujeres callen en las congregaciones; porque no les es permitido hablar, sino que estén sujetas, como también la ley lo dice... porque es indecoroso que una mujer hable en la congregación" (1 Co. 14:33-35). Muchos argumentan que Pablo se refería a una cuestión cultural en Corintio, nada que estuviera relacionado con nuestra cultura contemporánea. Pero se equivocan al no dejar que el texto hable por sí mismo: "Como en *todas* las iglesias de los santos, las mujeres deben permanecer en silencio en las iglesias" (vv. 33-34, cursivas añadidas). Esa no es una cuestión cultural; es el modelo de Dios para *todas* las iglesias.

El entorno sugiere que el silencio que Pablo manda no va encaminado a prohibir que las mujeres se abstengan absolutamente de hablar, sino a impedir que hablaran en lenguas y predicaran en la iglesia. Tal como ocurría en Éfeso, algunas mujeres en Corinto buscaban posiciones de prominencia en la iglesia, y particularmente lo intentaban mediante el abuso de los dones de hablar en lenguas y profetizar. Pero esas mujeres, que se unían en la caótica autoexpresión que Pablo ha estado condenando, no debieron de estar hablando en modo alguno. En el orden establecido por Dios para la iglesia, las mujeres deben estar sujetas "como también la ley lo dice" (v. 34).

Hay mujeres que están dotadas como maestras y líderes, pero esos dones no deben ser ejercidos sobre los hombres en los cultos de la iglesia. Eso es verdad no porque las mujeres sean espiritualmente inferiores a los hombres, sino porque la ley de Dios lo manda. Dios ha establecido orden en su creación, un orden que refleja su propia naturaleza y, por lo tanto, debe reflejarse en su iglesia. Quien ignore o rechace el orden de Dios debilita la iglesia y desagrada al Señor. Tal como el Espíritu de Dios no puede tener el control donde hay confusión y caos en la iglesia, tampoco puede Él tener el control cuando las mujeres usurpan el papel que ha circunscrito a los hombres.

Pablo continúa diciendo: "Y si quieren aprender algo, pregunten en casa a sus maridos" (v. 35). Eso sugiere que algunas mujeres estaban interrumpiendo el culto en la iglesia haciendo preguntas. Si deseaban aprender, interrumpir el culto en la iglesia no era la manera de hacerlo. Pablo también sugiere que los esposos cristianos deben estar debidamente enseñados en la Palabra. La frustración con hombres cristianos, incluyendo con frecuencia a los esposos, quienes no cumplen responsablemente la función de líderes que Dios les ha dado, puede hacer que muchas mujeres caigan en la tentación de ir más allá de sus funciones bíblicas. Pero Dios ha establecido el orden y la relación correcta entre el hombre y la mujer y sus funciones en la iglesia, y estos no deben violarse por ninguna razón. Si una mujer asume el papel de un hombre por el hecho de que este es negligente respecto de sus responsabilidades simplemente complicará el problema. Dios ha guiado a las mujeres a que hagan trabajos que los hombres han rehusado hacer, pero Él no las guía a realizar ese trabajo a través de funciones que han sido circunscritas a los hombres.

Eso no significa, sin embargo, que Dios nunca permite que las mujeres hablen su verdad en público:

- Pablo habló a varias iglesias y sinagogas durante sus viajes misioneros, contestando preguntas tanto de mujeres como de hombres (vea Hch. 17:2-4). No veo nada malo con que una mujer haga preguntas o exprese lo que el Espíritu de Dios le ha enseñado de la Palabra durante estudios bíblicos informales y ratos de comunión. De hecho, cuando tenemos una sesión de preguntas y respuestas en nuestra iglesia, creo que es correcto que cualquier persona haga preguntas, porque ese es el tiempo concretamente designado para ello. Pero el culto de adoración ordinario de la iglesia nunca debe ser interrumpido ni usurpado por la pregunta de ninguna persona. También creo que hay un tiempo y un lugar para que las mujeres ofrezcan públicamente un testimonio de alabanza al Señor.

- Doy gracias a Dios por el gran número de mujeres fieles que sirven en el campo misionero en una variedad de maneras públicas, pero que se abstienen de dirigir la iglesia. Si alguna vez hubo necesidad de liderazgo en el campo misionero fue en tiempos de Pablo. Él pudo haber relajado sus convicciones mediante el uso de mujeres en puestos de líderes, pero no lo hizo. Cuando existe una carencia de hombres en el campo misionero, no traspase usted los principios bíblicos, sino más bien pida al Señor de la mies que envíe obreros al campo misionero (Mt. 9:38).

Elisabeth Elliot, después de la muerte de su esposo y otros misioneros en el Ecuador, fue la única misionera que quedaba con la capacidad de hablar el idioma de los aucas. En vez de violar la Palabra de Dios, ella enseñó a uno de los hombres de la tribu un sermón cada semana, y él a su vez lo predicaba a la iglesia hasta que líderes varones fueron encontrados.

- Las mujeres pueden proclamar la Palabra de Dios excepto cuando la iglesia se reúne como tal en su culto de adoración. El Antiguo Testamento dice: "El Señor daba palabra; había grande multitud de las [mujeres] que llevaban buenas nuevas" (Sal. 68:11). El Nuevo Testamento da los ejemplos de María, Ana y Priscila que declaraban la verdad de Dios a hombres y mujeres (Lc. 1:46-55; 2:36-38; Hch. 18:24-26).

- Las mujeres pueden orar en público. Hechos 1:13-14 describe una reunión de oración donde las mujeres y los hombres, incluyendo a los apóstoles de Jesús, estaban presentes. Pero durante una reunión oficial de la iglesia, guiar en oración, como hemos visto, es una tarea ordenada para los hombres (1 Ti. 2:8).

Hay abundantes y apropiados tiempos para que hombres y mujeres comenten e intercambien preguntas y conocimientos profundos de la Palabra en igualdad de condiciones. Pero cuando la iglesia se reúne como cuerpo para adorar a Dios, sus normas son claras: la función de líder está reservada para los hombres.

El orden de la creación

Una postura popular hoy día es que el papel de la subordinación de la mujer es un resultado de la caída. Puesto que Dios invirtió los efectos de la maldición mediante Cristo, algunos argumentan, también abolió la diferenciación de los papeles del hombre y la mujer. Pablo, sin embargo, basa la subordinación de la función de la mujer en el orden de la creación, no en la caída: "Porque Adán fue formado primero, después Eva" (1 Ti. 2:13). Como se indicó en el capítulo 1, Eva fue creada después de Adán para que fuera su ayuda (Gn. 2:18), fue diseñada para que siguiera su dirección, viviera de sus provisiones y encontrara protección en su fortaleza. Esas tendencias de ahí en adelante fueron empotradas en todas las mujeres, pero con la caída surgió el conflicto.

Tampoco la enseñanza de Pablo fue motivada por alguna situación cultural en Éfeso y, por lo tanto, no es aplicable, como abogan otros. También enseñó esa misma verdad a los Corintios (1 Co. 11:8-9).

Pablo no deriva la función de la mujer de la caída. Usa ese acontecimiento como corroboración adicional. Señala que: "Adán no fue engañado, sino que la mujer, siendo engañada, incurrió en transgresión" (1 Ti. 2:14).

Generalmente conectamos la caída con Adán ya que Romanos 5:12-21 habla repetidas veces de un hombre (Adán) quien introdujo el pecado y la muerte en el mundo. Aunque Adán no fue engañado por Satanás, como ocurrió con Eva. Aún así Adán escogió desobedecer a Dios. Como cabeza de su cónyuge él cargó con la responsabilidad final. Pero debemos recordar que en realidad Adán no cayó primero, fue Eva (Gn. 3:1-6). Cuando Eva abandonó la protección del liderazgo de Adán e intentó tratar independientemente con el enemigo, fue engañada.

Por ser tan fácilmente engañada, Eva reveló su incapacidad para guiar con eficacia. Eva encontró en Satanás un contrincante superior a ella. El vocablo griego traducido "engañada" en 1 Timoteo 2:14 es un vocablo particularmente enfático. Se refiere a ser totalmente engañado. Cuando la mujer abandona el refugio de su protector se expone a una cierta cantidad de vulnerabilidad.

La caída no solamente fue el resultado directo de la desobediencia del mandamiento de Dios, sino también, de la violación de la función de los sexos divinamente establecida. Eva actuó independientemente y asumió el papel de liderazgo. Adán abdicó su liderazgo y siguió la dirección de Eva. Eso no significa que Adán fue menos culpable que Eva, o que era más deficiente, ambos estaban equivocados. Todos somos vulnerables de maneras diferentes.

Los cristianos afirman el liderazgo de los hombres en la iglesia porque está establecido por la creación y confirmado por la caída. El liderazgo del hombre, entonces, era parte del diseño de Dios desde el principio. La experiencia trágica de la caída confirmó la sabiduría de ese diseño. Ninguna hija de Eva debe seguir sus pasos y entrar en el territorio prohibido de predominio determinado para los hombres.

La contribución de las mujeres

Dios diseñó la vida para que girara alrededor de las relaciones, y dentro de esas relaciones hay diferentes funciones. En nuestra sociedad, desdichadamente, se da mayor énfasis a la individualidad que a las relaciones. Las personas procuran autosatisfacerse y se centran en sus derechos en vez de en cómo pueden mejor servir a otros. Cuando hombres y mujeres rehúsan aceptar su función como Dios la ha ordenado en la iglesia, la familia y la comunidad, socavan el diseño original de Dios para esas instituciones y todas las relaciones implicadas. La estabilidad de la sociedad está en juego. Si hay una cosa que ha sido probada por todos los experimentos sociales que hemos observado, es precisamente esa.

Las mujeres *no son* inferiores a los hombres. Solo tienen una función diferente. Muchas personas creen que el único lugar de poder e influencia en la sociedad es en una posición de liderazgo, asumiendo que produce mayor satisfacción guiar a seguir. Pero algunas personas que no ocupan puestos de liderazgo pueden ser muy influyentes. Además, un líder lleva una carga pesada de responsabilidad que no siempre es deseable (Stg. 3:19. La noción de que la más grande experiencia de la vida es estar encima del montón y ser capaz de controlarlo todo es una ilusión. Como Dra. Tannen, Maggie Gallagher y Marilyn Quayle sugirieron en nuestra introducción, son las mujeres las que más sufren de esa falsa percepción. La sociedad, a su vez, sufre por no recibir el beneficio del mejor esfuerzo de la mujer si ha sido mal encaminada a procurar aquello que no es su punto fuerte.

Al engendrar hijos

Primera Timoteo 2:15 habla algo enigmáticamente de la influencia que las mujeres tienen mediante la búsqueda de sus puntos fuertes: "Pero se salvará engendrando hijos, si permaneciere en fe, amor y santificación, con modestia". El entorno nos ayuda a entender: El versículo 14 nos habla de las mujeres en pecado; el versículo 15, de la mujer salva. Pablo estaba haciendo un uso astuto de la figura literaria llamada contraste.

"Salvará" viene del verbo griego *sódso,* el vocablo común en el Nuevo Testamento que significa salvar. Ciertamente Pablo no pretende enseñar que las mujeres son salvas del pecado "engendrando hijos". Eso sería contradecir la enseñanza del Nuevo Testamento de que la salvación es estrictamente por la fe en Cristo. El tiempo futuro y el uso de pronombre plural "ellas" [implícito en el verbo *sothéisetai,* que es plural "ellas se salvarán"] indica que no se refiere a Eva. Esas consideraciones además de la ausencia de cualquier relación con el contexto muestran que Pablo tampoco se estaba refiriendo a María la madre de Jesús.

Pablo enseña que aunque una mujer precipitó la caída, las mujeres son preservadas de ese estigma a través de concebir hijos. Una mujer condujo a la raza humana al pecado, pero las mujeres benefician a la humanidad abasteciéndola de habitantes. Más allá de eso, tienen la oportunidad de guiar a la raza, a la piedad a través de su influencia sobre los niños. Lejos de ser ciudadanos de segunda clase, las mujeres tienen la responsabilidad primaria de criar a hijos piadosos.

La virtud de una madre tiene un profundo impacto en la vida de sus hijos. Las madres por lo general invierten muchísimo más tiempo con los hijos que los padres y, por lo tanto, tienen una mayor influencia. Para que las mujeres sean capaces de cumplir su llamado de criar una descendencia piadosa, tienen que "permanecer en fe, amor y santificación, con modestia". Para criar hijos piadosos, una mujer tiene que ser piadosa.

Ciertamente Dios no quiere que todas las mujeres sean madres. Es más, no quiere que algunas se casen puesto que les ha dado el don de castidad (1 Co. 7). También permite que otras mujeres no tengan hijos para su propio propósito. Pero por regla general, la maternidad es la mayor contribución que una mujer puede hacer a la raza humana. El dolor de parto fue el castigo infligido por el primer pecado, pero el concebir hijos libera a la mujer del estigma de ese pecado.

Mediante el uso de los dones espirituales

Aunque Pablo excluye a las mujeres de cualquier actividad que implique el *liderazgo* sobre los hombres… sin embargo, anima a las mujeres a efectuar muchas clases de *ministerios*… ¡El capítulo completo de Romanos 16 es una llamada de atención para los que han pensado de Pablo como un aborrecedor de las mujeres! Una tercera parte de las personas que recomienda son mujeres… Llevan el título de "colaboradoras", *colegas* de Pablo (como lo fueron Evodia y Síntique en Filipenses 4:2), lo que significa que participaron en su misión de evangelización y el establecimiento de iglesias (J. David Pawson, *Leadership is Male* [El liderazgo es masculino], Nashville: Thomas Nelson, 1990], 89-90, cursivas en el original).

La Biblia enseña que todo cristiano, en el momento de la salvación, recibe dones espirituales complementarios de parte de Dios que permite que la iglesia funcione con armonía (Ro. 13:3-14; 1 Co. 12:4-30; Ef. 4:1-13). Los dones de edificación permanentes forman dos categorías: Dones de la palabra y dones del servicio (1 P. 4:10-11). Los que poseen dones relacionados con hablar sobresalen en uno o más de los siguientes: enseñanza, sabiduría (dar consejo práctico), conocimiento (imparten información académica), exhortación y liderazgo. Los que tienen dones de servicio se destacan en uno o más de los siguientes: mostrar misericordia, tener una fe firme (especialmente respecto de la oración), dar (satisfacer necesidades), discernir entre la verdad y el error, ayudar (hacer cosas que, aunque pequeñas, sean importantes), y administrar u organizar.

Los dones espirituales, en contraste con los cargos en la iglesia no son definidos en las Escrituras en función del género de la persona. Un desafío importante para los hombres con cargos de líderes en la iglesia es animar y proveer oportunidades tanto para hombres como para mujeres para ministrar al cuerpo de Cristo de maneras que genuinamente empleen sus dones espirituales, ya sea predominantemente hablar como servir.

Dios ha tenido a bien dotar a algunas mujeres con las capacidades de liderazgo y enseñanza. Ellas pueden y, de hecho, usan esos dones en situaciones fuera de la reunión de adoración en la iglesia, un estudio bíblico para mujeres, un grupo de comunión, una reunión de oración o una situación de enseñanza, por ejemplo. Existen suficientes oportunidades para que las mujeres ejerciten sus dones y otras habilidades de forma congruente con el diseño de Dios.

Nuestro texto en 1 Timoteo 2, lejos de ser un insulto a la inteligencia de las mujeres, proporciona en su lugar una dirección práctica sobre cómo ellas pueden aplicar mejor sus capacidades. Y una de esas capacidades podría ser la enseñanza.

Bajo la inspiración del Espíritu Santo, Pablo enseña a las mujeres que acepten la función que Dios les ha dado. No deben procurar el papel de liderazgo en la iglesia. ¡Cuán trágico es el hecho de que muchas mujeres sienten que su vida no tiene sentido porque no pueden funcionar de la misma manera que los hombres! Para la mayoría de las mujeres, su mayor impacto en la sociedad es a través de la crianza de hijos piadosos. Si una mujer es piadosa y si Dios escoge darle hijos que ella "cría en disciplina y amonestación del Señor" (Ef. 6:4); tendrá una profunda influencia en una nueva generación. Los hombres tienen el liderazgo externo, manifiesto por diseño de Dios, pero las mujeres pueden tener una influencia igual de grande.

Capítulo 8

El carácter del servicio

Hace muchos años durante mi comienzo en la *Grace Community Church*, la revista *Moody Monthly* decidió publicar un artículo con respecto a nuestra iglesia. En aquel tiempo nos reuníamos en un edificio más pequeño y teníamos un buen grupo de miembros. Después de entrevistar a diferentes personas, el escritor decidió ponerle como título a su artículo: "La iglesia con novecientos ministros". Lo hizo porque la asistencia a nuestra iglesia era de novecientas personas y cada una de ellas servía activamente. No teníamos muchos programas formales, pero cada persona estaba ministrando sus dones. Había personas que constantemente llamaban a la iglesia, preguntando cómo podían ayudar. Estaban disponibles para visitar a alguien en el hospital, ayudar en el departamento de cuna, limpiar los edificios, evangelizar o enseñar una clase en la escuela dominical. Las personas constantemente se expresaban unas a otras cómo Dios estaba bendiciendo su ministerio, dando a Dios la gloria por todo lo que estaba sucediendo. Esa es la manera cómo Dios diseñó la iglesia: que estuviera formada por personas listas para servir.

Varias palabras en el idioma griego expresan la actitud de un siervo. En 1 Corintios 4:1 Pablo usa un vocablo que comunica mejor la idea de un humilde esclavo: "Así, pues, téngannos los hombres por servidores [gr. *hyperétes*, 'un remero de los de abajo'] de Cristo". En aquellos tiempos, grandes barcos de madera de tres niveles eran impulsados por esclavos encadenados a sus remos en el casco del barco. Los esclavos en la hilera de más abajo eran llamados "remeros de abajo". Pablo y sus colaboradores no querían ser exaltados. Querían ser conocidos como esclavos de la galería del tercer nivel [el de más bajo] que tiraban de sus remos.

Muchos quieren ser grandes protagonistas, pero Dios quiere personas que sean humildes siervos. En el versículo 2 Pablo dice: "Ahora bien, se requiere de los administradores, que cada uno sea hallado fiel". ¡Dios no quiere a alguien ingenioso que invente una manera de remar pero que al hacerlo anule el trabajo de todos los demás remeros! Él quiere remeros fieles que se consideren a sí mismos siervos voluntariosos y dispuestos.

Veo el debate feminista bajo esa luz. En vez de ejemplificar la actitud humilde expresada por Pablo, muchos quieren que las mujeres adquieran igualdad de acceso al papel de liderazgo en la iglesia, papeles que Dios ha designado solo para los hombres. Pero pasan por alto el diseño total de Dios para el orden y la función de su Iglesia.

En Romanos 12:4-5 Pablo describe ese diseño, usando como analogía el cuerpo humano: "Porque de la manera que en un cuerpo tenemos muchos miembros, pero no todos los miembros tienen la misma función, así nosotros, siendo muchos, somos un cuerpo en Cristo, y todos miembros los unos de los otros". Aunque el cuerpo humano tiene muchos miembros: una cabeza, ojos, nariz, boca, orejas, dientes, brazos, piernas, dedos, pies y órganos internos, todos no tienen la misma función. Esa analogía ilustra maravillosamente la relación de creyentes individuales con la totalidad del cuerpo de Cristo. Constituimos un cuerpo, aún así tenemos diferentes funciones que se complementan entre sí. Como en el cuerpo humano cuyos miembros trabajan juntos, los creyentes constituyen un cuerpo espiritual, compartiendo una vida en común, dones, ministerios, recursos, gozo y sufrimientos. Eso expresa nuestra unidad. Pero al mismo tiempo todos somos diferentes. Si un miembro de su cuerpo no funciona usted tiene un problema, tal vez tenga que ser hospitalizado. Cada miembro debe trabajar por el bien del cuerpo para que este funcione debidamente. De igual modo, cada uno en la iglesia debe trabajar junto con los demás miembros o de lo contrario todo el cuerpo sufrirá. Debido a que cada creyente tiene algo singular que ofrecer, si no hacemos aquello para lo que tenemos el don y para lo que hemos sido diseñados, hacemos daño al Cuerpo de Cristo.

Solo en la medida en la que cada miembro sirve en alguna capacidad en esa misma medida la iglesia funcionará como debe. Aunque solo un pequeño número de hombres es llamado a dirigir a la iglesia, el resto de la congregación tanto hombres como mujeres, deben servir. Un vocablo griego de uso común nos da el sentido de los diferentes niveles en los que los creyentes pueden servir.

Niveles de servicio

El sustantivo *diákonos* ("siervo") y los vocablos afines *diakonéo* ("servir") y *diakonía* ("servicio") se usan aproximadamente cien veces en el Nuevo Testamento. El significado original de dicho vocablo y sus derivados tiene que ver con la ejecución de tareas serviles como la de atender las mesas. Gradualmente el significado se amplió hasta llegar a incluir cualquier clase de servicio.

El significado de *diákonos* es primordialmente general, con la excepción de su uso en 1 Timoteo 3 y Filipenses 1:1. Únicamente en esos dos casos los traductores de la mayoría de las versiones de la Biblia hacen una transliteración, usando el vocablo diácono, como si desearan separar dicho término específicamente para hacerlo referir a un grupo de personas selectas llamadas a servir en la iglesia. En todos los demás casos donde aparece, los escritores del Nuevo Testamento usan *diákonos, diakonéo* y *diakonía* de la misma manera como nosotros usamos siervo, servir, servicio.

La idea central de servir alimento hace su aparición en Juan 2:5 donde *diákonos* se usa respecto de un camarero en una boda. *Diakonéo* se usa con el mismo sentido en Lucas 4:39, donde la suegra de Pedro servía la comida.

En su adaptación de dicho vocablo, los escritores de los Evangelios y de las epístolas usaron esos términos en un sentido general respecto de todo tipo de servicio espiritual. En Juan 12:26, Jesús equiparó el seguirle con el servirle. Cualquier cosa que hagamos en obediencia a Él es un servicio espiritual, y debe ser el énfasis principal de nuestra vida. En ese sentido todos los cristianos somos diáconos, porque todos debemos servir a Cristo activamente. La iglesia no está estructurada en tres niveles: los ancianos que dirigen, los diáconos que sirven, y todos los demás, que componen el auditorio. No hay espectadores en la iglesia, todos somos llamados al servicio de Cristo.

Ese el punto que Pablo destaca en 1 Corintios 12:5, donde escribe que "hay diversidad de ministerios". Todo cristiano debe estar implicado en algún tipo de servicio espiritual. Los responsables, a través de la enseñanza y la formación, deben entrenar a los creyentes para la ejecución de ese servicio (Ef. 4:12).

Diákonos, diakonía y *diakonéo* son vocablos usados también en un sentido adicional más específico. La lista de los dones espirituales en Romanos 12:6-8 incluye servicio. Los que tienen ese don están especialmente equipados, aunque podrían no ocupar el cargo de diácono. Estéfanas y su familia tenían ese don "...ellos se han dedicado al servicio de los santos" (1 Co. 16:15).

El tercer uso de esa familia de términos se refiere al oficio de diácono. Los diáconos sirven en una función especial como siervos de la iglesia. Fácilmente podríamos llamarlos siervos.

Aunque son siervos, los diáconos no deben hacer todo el trabajo, deben de ser modelos del servicio espiritual para la congregación. En ese sentido están a la par con los ancianos. Mientras que los ancianos han recibido autoridad a través de sus responsabilidades de enseñar la Palabra de Dios, los diáconos guardan igualdad con los ancianos en todos los demás aspectos. En la tarea de implementar lo que los ancianos enseñan, los diáconos procuran levantar la congregación al más alto nivel de virtud espiritual, no autosepararse como personas especialmente piadosas a quienes la congregación nunca podría llegar a imitar.

Cuando Pablo escribió 1 Timoteo la iglesia había crecido y se había desarrollado hasta el punto de que había necesidad de diáconos que funcionaran como modelos espirituales de virtud y servicio. Para asegurar que aquellos elevados a esa responsabilidad eran dignos, Pablo enumera varios requisitos que deben cumplir. Al igual que con los ancianos, esas cualificaciones se relacionan con su carácter espiritual, no con la función de ellos. De hecho, las Escrituras no mencionan cosas específicas como responsabilidades para los diáconos. Ellos debían ejecutar cualquier tarea que les fuera asignada por los ancianos.

Las cualidades exigidas para los diáconos

Pablo escribe:

"Los diáconos asimismo deben ser honestos, sin doblez, no dados a mucho vino, no codiciosos de ganancias deshonestas; que guarden el ministerio de la fe con limpia conciencia. Y éstos también sean sometidos a prueba primero, y entonces ejerzan el diaconado, si son irreprensibles... Los diáconos sean maridos de una sola mujer, y que gobiernen bien sus hijos y sus casas" (1 Ti. 3:8-10, 12).

El vocablo "asimismo" introduce una nueva categoría dentro del tema total de los líderes de la iglesia. Después de tratar el tema de los ancianos en 3:1-7, Pablo seguidamente se dirige a los diáconos. Da cuatro áreas en las que un diácono debe estar cualificado.

Carácter personal

Serio

El vocablo traducido "honestos" (*semnoús*) significa "serio" o "respetable" y proporciona la idea de ser serio tanto en la mente como en el carácter. Dicho vocablo procede de la raíz *sébomai* que significa "venerar" o "adorar". Los que se caracterizan por tener esa cualidad poseen una dignidad que inspira el respeto de otros. Un sinónimo de *semnoús* es *hieroprepés,* que significa "actuar como una persona sagrada". Un diácono no debe ser ni frívolo ni impertinente. No debe manejar con ligereza las cosas serias.

Honesto en lo que habla

Un diácono debe ser una persona "sin doblez". Algunos piensan que se refiere a un chismoso, una persona que tiene, por así decir, no una, sino dos lenguas activas a la vez. Parece, sin embargo, mejor interpretarlo como una prohibición en contra de decir una cosa a una persona y otra cosa diferente a otra con el fin de promover la agenda personal de uno. Debido a que los diáconos son personas de confianza respecto de algunas cuestiones privadas y temas espirituales graves, tienen que poner el listón bien alto en lo que respecta a la honestidad verbal y a la integridad entre sus líderes espirituales. Un hombre que cuenta diferentes historias a personas diferentes muy pronto perderá la confianza de todos.

Sin preocupación por el alcohol

Pablo prohíbe a los diáconos ser "dados a mucho vino". El vocablo griego traducido "dados al vino" significa "centrar la mente en" u "ocuparse uno mismo con". El participio presente, voz activa sugiere que esa debe ser la práctica habitual del diácono. No debe estar preocupado con la bebida, ni permitir que esta influya en su vida.

Alguien podría preguntar por qué el Señor no exigió la abstinencia total. Sin embargo, como señala Homer A. Kent:

> Es extremadamente difícil para el norteamericano contemporáneo entender y apreciar la sociedad de los tiempos de Pablo. El hecho de que no se le exigiera a los diáconos la abstinencia total, sino más bien

el ser sobrios, no significa que los cristianos de hoy puedan usar licor en cantidades moderadas. El vino empleado como bebida común tenía un alto contenido de agua. El estigma social y los tremendos males sociales responsables por la bebida hoy día no acompañaban al uso del vino como la bebida común en los hogares en los días de Pablo. Sin embargo, al crecer la iglesia y desarrollarse la conciencia y la madurez de los cristianos, el peligro de la bebida comenzó a verse más claramente. El principio enunciado por Pablo en otro sitio de que los cristianos no deben hacer nada que haga tropezar al hermano llegó a ser aplicado al uso del vino. Raymond lo expresa de esta manera:

Si un individuo por el hecho de beber vino causa que otros se desvíen debido a su ejemplo u origina un mal social que conduce a que algunos sucumban a sus tentaciones, entonces por el interés del amor cristiano debe dejar pasar el placer temporal de beber y dar prioridad a los tesoros celestiales (Irwin Woodworth Raymond, *The Teaching of the Early Church on the Use of Wine and Strong Drinks* [La enseñanza de la iglesia primitiva sobre el uso del vino y las bebidas fuertes] [Nueva York: Columbia U., 1927], 88).

En realidad en la Norteamérica de hoy, el uso del vino por un cristiano despertará un reconocido mal social, y establecería un ejemplo muy peligroso para los jóvenes y los débiles. Para nosotros, Pablo sin duda diría, "Absolutamente nada de vino" (*The Pastoral Epistles* [Las epístolas pastorales] [Chicago: Moody, 1982], 133).

Libres de codicia

En el Nuevo Testamento, los que servían en la iglesia con frecuencia se ocupaban de la distribución de dinero para las viudas, los huérfanos y otros necesitados. Puesto que en aquellos días no existían ni los bancos ni las empresas de auditoría, todas las transacciones se hacían en efectivo. Las personas que manejaban el dinero literalmente lo llevaban en una pequeña bolsa atada al cinturón. La tentación de sustraer de esos fondos estaba siempre presente, como ocurrió con Judas (Jn. 12:4-6). Era esencial, entonces, que los diáconos estuvieran libres del amor al dinero.

Vida espiritual

Pablo también dice que los diáconos deben guardar "el misterio de la fe con limpia conciencia". El vocablo griego traducido "misterio" se refiere a algo que estuvo escondido pero que ha sido revelado. El "misterio de la fe" es la revelación de la verdad redentora de Dios en el Nuevo Testamento, que no fue plenamente revelada en el Antiguo Testamento. Abarca el misterio de la encarnación de Cristo (1 Ti. 3:16), de la habitación de Cristo en el creyente (Col. 1:26-27), de la unidad de judíos y gentiles en Cristo (Ef. 1:9; 3:4-6), del evangelio de salvación (Col. 4:3), de la iniquidad (2 Ts. 2:7) y del arrebatamiento de la iglesia (1 Co. 15:51-52).

El carácter espiritual del diácono debe comenzar con una afirmación de la doctrina del Nuevo Testamento. Se aferra al misterio de "la fe" que simplemente se refiere al contenido de la verdad cristiana. Y debe aferrarse a ella con una "limpia conciencia", es decir, una conciencia que no le acusa. No basta con simplemente creer la verdad (vea Stg. 2:19), es necesario vivirla. Y mientras más firme sea su conocimiento bíblico y teológico, más firme debe ser su conciencia. Todo diácono (y todo cristiano) debe esforzarse para poder decir con el apóstol Pablo: "Porque nuestra gloria es esta: el testimonio de nuestra conciencia, que con sencillez y sinceridad de Dios, no con sabiduría humana, sino con la gracia de Dios, nos hemos conducido en el mundo, y mucho más con vosotros" (2 Co. 1:12).

Servicio espiritual

A continuación Pablo presenta un requisito previo específico: "Y éstos también sean sometidos a prueba primero, y entonces ejerzan el diaconado, si son irreprensibles" (1 Ti. 3:10). Esto es un imperativo. El verbo griego (*dokimádso*) traducido "sometidos a prueba" está en el tiempo presente, voz pasiva, lo cual sugiere una prueba continua, no un solo examen o período de prueba.

Pablo, entonces, expresa otro imperativo: "ejerzan el diaconado". El servicio de cada diácono a Cristo debe ser probado constantemente mediante una evaluación general constante por la iglesia.

Pureza moral

Los diáconos, no menos que los ancianos, tienen que ser "irreprensibles". "Aunque los diáconos se diferencian en función de los ancianos en que los ancianos son los principales maestros de la iglesia, los requisitos espirituales de ambos cargos son los mismos. De modo que todos los requisitos para los ancianos (excepto el de ser apto para enseñar) se aplican igualmente a los diáconos. Estos resumen lo que significa el ser irreprensible. Los diáconos no deben tener ninguna mancha en su vida, nada de lo que pudieran ser acusados y descalificados.

Eso es importante porque algunos diáconos podrían algún día llegar a ser pastores o ancianos. Su experiencia en implementar la enseñanza de los pastores y ancianos es incalculable como preparación para un papel de liderazgo. Al satisfacer las necesidades personales del rebaño, los diáconos adquieren un conocimiento de primera mano de los requisitos especiales y específicos de las personas en la congregación.

Pablo reitera un elemento clave de las cualificaciones dadas para los ancianos. Los diáconos también deben ser "maridos de una sola mujer". No deben ser infieles a su esposa ni en sus actos ni en su corazón. Igual que con los ancianos, la cuestión es el carácter moral, no el estado civil.

Vida familiar

Los diáconos, como los ancianos, tienen que demostrar sus cualidades de liderazgo en el hogar. Deben ser "buenos gobernantes de sus hijos" y su dinero, posesiones y todo lo que se relaciona con "sus propias casas". Prueban sus habilidades de liderazgo mostrando cuán competentes son en el manejo de situaciones dentro del hogar de cada uno de ellos.

Las cualidades exigidas para las diaconisas

En 1 Timoteo 3:11 Pablo se refiere a un grupo distinto de diáconos: "Las mujeres asimismo sean honestas, no calumniadoras, sino sobrias, fieles en todo". Varios factores apuntan al hecho de que Pablo se refiere a un orden distinto de mujeres diáconos o diaconisas y no a las esposas de los diáconos. En primer lugar, el uso de la expresión "asimismo" (vea 2:9; 3:8; Tit. 2:3,6) argumenta fuertemente a favor de contemplar un tercer grupo aquí además de los ancianos y los diáconos. En segundo lugar, no hay ningún pronombre posesivo ni artículo determinado conectando a esas mujeres con los diáconos. En tercer lugar, puesto que Pablo no menciona ningunas cualificaciones para las esposas de los ancianos ¿por qué había de hacerlo para las esposas de los diáconos? En cuarto lugar, Pablo no usa el vocablo "diaconisa" porque dicho vocablo no existe en el idioma griego. A Febe se le llama diácono en Romanos 16:1 porque no existe la forma femenina de *diákonos*. El único otro vocablo que Pablo pudo haber usado sería *diákonos*, pero no se hubiera sabido que se refería a mujeres. El uso del vocablo "mujeres" (gr. *gynaikeios*) era la única manera en la que Pablo podía diferenciarlas de los hombres diáconos. Claramente Pablo introduce otra categoría de diáconos: La que hemos llegado a conocer como diaconisas. Prefiero llamarlas mujeres diáconos porque eso retiene la terminología del Nuevo Testamento.

Dignificadas

Pablo usa el mismo vocablo que el que usa en el versículo 8 [*semnoús, semnás*] para describir a los hombres diáconos. Las mujeres diáconos, igual que sus homólogos masculinos, deben vivir una vida honesta. Las personas deben tenerlas en alta estima debido a su devoción espiritual.

No calumniadoras

El vocablo griego traducido "calumniadoras" (*diabólous*) literalmente significa "falso acusador". Se usa con frecuencia para describir a Satanás, y se traduce "diablo" (vea Mt. 4:1). Las mujeres diáconos deben controlar su lengua. Igual que los hombres diáconos deben ser "sin doblez" (1 Ti. 3:8), también las mujeres diáconos jamás deben traicionar la confianza puesta en ellas ni calumniar a nadie.

Sobrias

El mismo vocablo griego fue usado de los ancianos en el versículo 2 y está en paralelo con el tercer requisito para los diáconos en el versículo 8, "no dados a mucho vino". Las mujeres diáconos deben ser sobrias y sensibles en sus juicios. Eso es imposible de realizar si no son sobrias físicamente.

Confiables

Finalmente, las mujeres diáconos deben ser "fieles en todo". Deben ser absolutamente confiables. Esa cualidad es paralela con el requisito para el hombre diácono del versículo 8: "no codicioso de ganancias deshonestas". Igual que los hombres diáconos, las mujeres diáconos manejan dinero mientras realizan sus responsabilidades. Las que eran infieles no podían ser confiables.

Los galardones del servicio

Pablo concluye su consideración con respecto a los hombres y mujeres diáconos con una promesa: "Porque los que ejerzan bien el diaconado ganan para sí un grado honroso, y mucha confianza en la fe que es en Cristo Jesús" (v. 13). Dos galardones esperan a "los que ejerzan bien el diaconado". Primero, "obtienen para sí un grado honroso". El vocablo griego traducido "grado" literalmente se refiere a un peldaño o escalón. Aquí se usa metafóricamente para hablar de los que están un peldaño por encima de los demás. En nuestro idioma vernáculo, diríamos que están colocados en un pedestal. Aunque eso podría parecer pecaminoso, no lo es si la persona no procuró ese honor. Los que sirven con humildad serán exaltados por Dios (Stg. 4:10; 1 P. 5:6), y por los hombres. Si usted sirve bien como diácono, las personas que ven su fiel servicio lo respetarán y lo honrarán.

Eso no significa que le darán algún premio terrenal, pero habrá ganado su respeto espiritual. Esa es la clave para ser un ejemplo espiritual, ya que solo las personas respetadas son imitadas.

Un segundo galardón es "mucha confianza en la fe que es en Cristo Jesús". El vocablo griego traducido "confianza" se usa con frecuencia de quien habla con fuerza y franqueza. El éxito genera confianza y seguridad. Si usted sirve a Dios bien, verá el poder y la gracia de Dios obrando en su vida, y eso le proporcionará energía para un servicio mucho mayor.

Los hombres y mujeres diáconos, no menos que los ancianos, son vitales para una iglesia saludable. La iglesia debe ser cuidadosa a la hora de elegir a hombres y mujeres plenamente capacitados para esas responsabilidades importantes.

Las características de una congregación saludable

No debe pensarse que Pablo solo pensaba de las cualidades para las responsabilidades de ancianos y diáconos. Por el contrario, la iglesia como un todo siempre le preocupaba, especialmente su salud espiritual y su vitalidad. Esa fue la razón de por qué escribió la epístola a Tito, "para que corrigieses lo deficiente, y establecieses ancianos en cada ciudad..." (Tit. 1:5). Tal como lo hizo con Timoteo, Pablo dejó a Tito una lista de cualificaciones para el tipo de hombres que debía escoger para dirigir la iglesia en Creta (vv. 6-9).

Distinto de sus instrucciones a Timoteo, sin embargo, Pablo no dejó una lista para las cualificaciones de los diáconos. Puesto que esas iglesias eran muy jóvenes, tal vez no existiera la necesidad específica para el cargo de diácono. Además, ya que el liderazgo no había sido seleccionado aún para dirigir las diferentes congregaciones, es muy probable que Pablo hubiera querido que esos líderes estuvieran implicados para servir en una capacidad oficial. Aun así dejó una lista de cualificaciones para toda la congregación, dividida por grupos de edad y de género. Y esta lista pretende reflejar lo que Pablo quería que fuera el centro de atención para Tito respecto de las personas: "Pero tú habla lo que está de acuerdo con la sana doctrina" (2:1). El vocablo griego traducido "sana" significa "estar bien", "estar saludable". A Dios le preocupa que su iglesia se caracterice por una enseñanza sana y saludable que resulte en una vida sana y saludable. Las siguientes características revelan el tipo de personas que constituyen a una iglesia como esa.

Los ancianos en edad

Pablo primero da instrucciones para los hombres de edad en la congregación. Usa el mismo vocablo traducido "ancianos" en Filemón 9 con referencia a sí mismo como "Pablo ya anciano", y para entonces tenía algo más de sesenta años. Esos hombres mayores debían "ser sobrios, serios, prudentes, sanos en la fe, en el amor, en la paciencia" (Tit. 2:2). Los hombres que han andado con Cristo por un tiempo largo han acumulado una riqueza de experiencia espiritual que los capacita para ser ejemplos delante de los jóvenes. *No hay valor alguno, sin embargo, en ser viejo si no se es piadoso.* De modo que Pablo presenta tres características específicas seguidas de tres virtudes que deben manifestarse en los hombres de mayor edad.

Sobrio

Esta característica debe ser muy familiar al lector a estas alturas. Es la misma que Pablo usó con referencia a los ancianos (1 Ti. 3:2) y con respecto a las mujeres diáconos v. 11), y que es paralela con el requisito de que los diáconos no sean dados a mucho vino (vv. 2,8). Aunque el vocablo literalmente significa "sin mezcla de vino", metafóricamente significa "moderado" o "no indulgente". Creyentes de edad que sean piadosos no se entregarán a excesos. Han aprendido el elevado costo que acompaña a un estilo de vida que se permite excesos. Cuando la mayoría de los hombres alcanzan esa edad, saben que es lo que tiene verdadero valor. Tal evaluación sabia de las prioridades necesita ser transferida a las generaciones venideras.

Serio

Los hombres de edad deben ser serios. Esa es la misma característica que debe ser verdadera tanto de hombres como de mujeres diáconos (vv. 8, 11). Hombres de edad piadosos mantienen una actitud seria hacia la vida. Eso no significa que son sombríos, pero tampoco son ni frívolos ni bromistas. Han experimentado demasiado para ser triviales. En la mayoría de los casos han enterrado a sus padres, algunos han sido testigos de la muerte de hermanas y hermanos, algunos han perdido a algunos de sus hijos a causa de rebelión o de la muerte misma.

Ven la vida tal como verdaderamente es. Cuando ríen, lo hacen por algo que es digno de risa, no por lo que es trágico. Disfrutan de lo que en verdad es agradable: un día hermoso, un niño precioso, y relaciones significativas.

Prudente

Los hombres de edad deben ser prudentes. Como se señaló con respecto a los ancianos, esta es una característica que resulta de alguien que es sobrio. Eso significa que son autodisciplinados, que actúan con discreción y discernimiento. Han aprendido cómo controlar sus instintos y pasiones. Como Pablo escribió en Romanos 13:3: "sino que piense con cordura". Las cualidades de ser sobrio, serio y prudente reemplazan las más desafortunadas características de la juventud: imprudencia, impetuosidad, desconsideración e inestabilidad.

Sanos en la fe

Como se ha indicado, "sano" significa "saludable". Eso significa que su fe en Dios es firme. A través de los años han comprendido que Dios es digno de confianza, al contemplar su fidelidad constante. Como resultado no dudan ni cuestionan su buena intención ni pierden confianza en su plan. Tampoco dudan la verdad de las Escrituras ni cuestionan el poder del Espíritu Santo. Saben que el evangelio puede salvar. Esa clase de fe madura sostiene a la iglesia porque nos da una fe digna de emular.

Sanos en el amor

Un hombre da edad piadoso también tiene un amor saludable no solo hacia Dios, sino también hacia los demás. He aquí un hombre que ama y lo demuestra llevando las cargas de los otros (Gá. 6:2). Ama sacrificadamente. A lo largo de los años ha aprendido qué amar y qué no amar. Ama cuando su amor no es correspondido, cuando es rechazado, y aún cuando no es merecido. Su amor "es sufrido, es benigno, no es envidioso, no es jactancioso, no se envanece; no hace nada indebido, no busca lo suyo, no se irrita, no guarda rencor; no se goza de la injusticia, más se goza de la verdad; todo lo sufre, todo lo cree, todo lo espera, todo lo soporta. El amor nunca deja de ser" (1 Co. 13:4-8). Ama con su voluntad, no con sus sentimientos.

Sanos en la paciencia

Un hombre de edad piadoso es el modelo de paciencia porque ha sufrido muchas pruebas. A pesar de las desilusiones, de aspiraciones incumplidas, de las debilidades físicas, de la creciente soledad, nunca desmaya. El hombre piadoso se vuelve templado como el acero. Su cuerpo se debilita pero su espíritu se fortalece, capacitándolo para resistir hasta el fin.

Las mujeres de edad

A continuación Pablo sugiere varias cualidades que deben destacar a otro grupo en la iglesia: "Las ancianas asimismo sean reverentes en su porte; no calumniadoras, no esclavas del vino, maestras del bien" (Tit. 2:3).

Reverentes

El vocablo griego traducido "reverente" solo se usa aquí en la Biblia, y transmite la idea de lo que es adecuado para la santidad, semejante al templo. Las mujeres de edad deben ser santas. Su carácter santo debe influir en cada aspecto de la vida de cada una de ellas. La viuda Ana, quien servía noche y día en el templo, es un ejemplo de una mujer piadosa que era semejante a un sacerdote en su comportamiento (Lc. 2:36-38).

No calumniadoras

Esa es la misma característica que debe existir genuinamente en las mujeres diáconos. Mientras que los hombres tienden a ser rudos y violentos en sus acciones, las mujeres tienen la tendencia a ser rudas y violentas en sus palabras. Las mujeres de edad que tienen tiempo disponible pueden ser tentadas a permitir que sus conversaciones conduzcan al chisme, la crítica y la calumnia.

No esclavas del vino

Esta tercera característica trae a la mente prohibiciones similares requeridas de los ancianos y de los diáconos tanto hombres como mujeres. Aquí el énfasis radica en el aspecto esclavizante de las bebidas fuertes. Las mujeres de edad no deben ser borrachas. Evidentemente en Creta las mujeres de edad apelaban a los estimulantes para refrescar su cuerpo cansado y su mente agotada. Quizás en su dolor y tal vez en la soledad de su avanzada edad, las mujeres de cierta edad tendían a aliviar sus sensaciones. Pero Pablo exige que las mujeres piadosas tengan pleno control de sus facultades para los santos propósitos de Dios.

Maestras del bien

En lugar de ocuparse de calumniar o de emborracharse, las mujeres de edad necesitan ocuparse en "enseñar lo que es bueno", lo que notable y excelente, a las mujeres jóvenes. La implicación es que ya han enseñado a sus hijos, que ya han salido de casa. Ahora tienen la oportunidad de enseñar a la nueva generación de mujeres en la iglesia.

Como se ha indicado en capítulos anteriores, sus instrucciones no deben tener lugar en los cultos de adoración, sino en situaciones informales como lo sería de persona a persona, en grupos pequeños o en estudios bíblicos para mujeres. Y su enseñanza es tanto mediante la palabra como a través del ejemplo. Temo por el futuro de la iglesia si las mujeres piadosas no enseñaran a la nueva generación porque muchas de las mujeres jóvenes de hoy no fueron criadas bajo un modelo bíblico de familia. Ese es un desafío para las mujeres de edad en la iglesia.

Como maestras del bien, deben "enseñar a las mujeres jóvenes". El vocablo griego traducido "enseñen" es *suphronídsosin* que es el presente subjuntivo, voz activa de *suphronídso* que significa "enseñar a alguien autocontrol". Debe notarse la similitud de esa forma con las características de los ancianos, "prudente" (1 Ti. 3:2), y de los hombres de edad, "prudentes" (Tit. 2:2). Las mujeres de edad deben entrenar a las mujeres jóvenes a aprender el arte de autocontrol. Ese proceso pedagógico requiere que ustedes, mujeres de edad, estén comprometidas a ser responsables, a encarar los problemas, y proveer firmeza en una relación constante con una mujer joven.

Las mujeres jóvenes

Las mujeres de edad deben enseñar a las mujeres jóvenes "a amar a sus maridos y a sus hijos, a ser prudentes, castas, cuidadosas de su casa, buenas, sujetas a sus maridos…" (Tit. 2:4-5). En nuestra cultura, eso es exactamente lo opuesto de lo que se les enseña. Las mujeres hoy día son animadas a amar a quienes les parezca, a encargar sus hijos al cuidado e influencia de alguien más, y a no preocuparse de ser sensibles o puras, sino hacer cualquier cosa que les agrade para la satisfacción de sus deseos.

"Mujeres jóvenes" se refiere a aquellas que pueden concebir niños o que todavía los están criando. Puesto que las mujeres pueden concebir bien entradas en los cuarenta años y que las responsabilidades principales de criar a un niño dura cerca de veinte años, una mujer por debajo de sesenta años podía ser considerada joven según el criterio bíblico (1 Ti. 5:9). ¿Qué cualidades debían caracterizar su vida?

Ame al esposo

En el texto griego se usa una sola palabra, *philándrous,* para la traducción de la frase "amar a sus maridos". Pablo usa los mismos vocablos para describir ser "mujer de un solo hombre", totalmente dedicada a su propio marido.

Algunas mujeres me han dicho que su esposo ya no es amable. Pero tener esa actitud es totalmente opuesta a la clara enseñanza de la Palabra de Dios. Usted debe recordar que amar a su esposo no significa que siempre sentirá el flujo de emociones que caracterizó su amor al comienzo de su relación. Una reciente historia de portada en la revista *Time* explica que esos sentimientos iniciales cambian en un par de años debido a cambios químicos y se suavizan hacia algo más profundo (Paul Gray, "What is Love?" [¿Qué es amor?] [12 de febrero, 1993]: 47-51). El matrimonio es un compromiso satisfecho que va más allá de los sentimientos a una devoción, a un nivel de amistad que es profunda y satisfactoria. Si usted no ama a su esposo, necesita adiestrarse en amarlo. Sírvale bondadosa y cortésmente cada día y pronto hará una inversión tan grande en él, que se dirá a usted misma: ¡He invertido tanto de mí misma en este hombre que no puedo dejar de amarlo! Es un pecado desobedecer este mandamiento.

Amante de los hijos

Esta característica es la traducción de una sola palabra griega, *philotéknous*, y significa ser amante de los niños. Como se señaló en el estudio de 1 Timoteo 2:15, ese es el llamado más alto de la mujer. Ciertamente Dios no quiere que todas las mujeres sean madres porque, de quererlo, lo serían. Esas mujeres que no tienen hijos significan mucho para el reino de Dios porque le ha dado libertad de servir de manera singular.

Dios quiere que las mujeres que son madres amen a sus hijos, lo que implica hacer sacrificios personales para el beneficio de esos hijos. Recuerde, amar a los hijos no se basa en las emociones. Más bien es su responsabilidad vaciarse a usted misma en la vida de su hijo de modo que él o ella crezca en el amor de Cristo.

Prudente

Las mujeres jóvenes deben ser enseñadas a ser prudentes, una característica de los ancianos (1 Ti. 3:2) y de los hombres de edad (Tit. 2:2). Se refiere al uso de sentido común y la toma de buenas decisiones. Esas cosas se aprenden mejor mediante el ejemplo, y ahí es donde las mujeres de edad pueden ejercer gran influencia.

Casta

Las mujeres jóvenes deben ser moralmente puras, virtuosas y sexualmente fieles a su esposo. Deben dedicarse a ese único hombre en cuerpo y espíritu.

Cuidadosa de su casa

Tito 2:5 también dice que las mujeres jóvenes deben ser "cuidadosas de sus casas". Puesto que ya se expuso en profundidad esta cualidad en el capítulo 6, solo se reiterará este pensamiento: la responsabilidad de una mujer está en el hogar porque ese es el lugar donde puede tener el mayor impacto en el mundo mediante la crianza de hombres y mujeres piadosos.

Bondadosa

Una mujer joven debe caracterizarse por ser gentil, compasiva y misericordiosa hacia otros.

Sujeta a su esposo

Esto reitera la enseñanza de Pablo en Efesios 5:22. Una mujer joven piadosa entiende el orden diseñado por Dios y se somete a este (vea 1 Co. 11:5).

Los hombres jóvenes

Pablo concluye esta instrucción para los diferentes miembros de la congregación con una palabra general para todos los hombres jóvenes, y luego da una palabra de estímulo a Tito: "Exhorta asimismo a los jóvenes a que sean prudentes; presentándote tu en todo como ejemplo de buenas obras; en la enseñanza mostrando integridad, seriedad, palabra sana irreprochable…" (Tit. 2:6-8). Aunque Pablo trata específicamente con Tito en los versículos 7-8, creo que su instrucción es aplicable a todos los hombres jóvenes. Como joven, Tito tenía la oportunidad única de servir de modelo de esas cualidades delante de los otros hombres jóvenes.

¿Cuán joven es ser joven? Igual que con las mujeres jóvenes, esto se relaciona con cualquiera entre veinte y sesenta años, un tiempo cuando los hombres son básicamente viriles, agresivos y ambiciosos en mayor o menor grado. Aunque esos pueden ser los años más grandes de la vida, también pueden ser los más peligrosos.

Por un lado, los hombres jóvenes son dados a la pereza. Un estilo de vida que se permite excesos, aunque innato en nuestra naturaleza depravada, es con frecuencia programado en los hombres a través de los años. La pereza puede ser exacerbada en una variedad de hogares cuando los hombres son jóvenes. Los padres faltos de autodisciplina en sí mismos, por ejemplo, producen niños que nunca aprenden a establecer metas ni trabajar con miras a cumplirlas.

Los que favorecen un acercamiento a la paternidad centrado en el niño continuamente consienten a sus hijos, causándoles convertirse en dependientes de que otros les sirvan, en vez de enseñarles el valor de servir a otros. En hogares donde los padres están ausentes, los niños son dejados solos sin ninguna disciplina, ni cuidado, ni responsabilidad. Cuando pueden hacer lo que les place, los hombres jóvenes escogen hacer nada beneficioso, convirtiéndose en víctimas de sus propios letargos.

Aunque la pereza es sin duda lo más destacado, los jóvenes necesitan ser protegidos de varios otros peligros. Liberar a los jóvenes de la responsabilidad familiar demasiado temprano es un problema serio. Cuando salen de estar bajo una influencia fuerte y viven sin control y las resultantes consecuencias de su comportamiento, generalmente no honran a Dios ni consiguen nada productivo.

Otra cosa que los jóvenes han producido en nuestra decadente cultura es el vicio, algo desafortunadamente familiar hoy día, y eso produce dependencia, no repugnancia. Al convertirse en víctimas de los encantos del mal, los jóvenes son ignorantes de la decadencia gradual de su sensibilidad moral.

Hay que añadir el peligro de la educación secular, con sus constantes ataques contra al cristianismo. Un sistema educacional que ignora a Dios o lo define en términos humanos tiene una poderosa influencia en la mente de los jóvenes, los que con frecuencia consideran a sus profesores como mentores.

La juventud es un tiempo de confianza injustificada y de invencibilidad imaginaria, un tiempo cuando la inmadurez gobierna. Ese es el tiempo cuando la tentación es más fuerte, cuando se forman los hábitos que con frecuencia enredan a los hombres a través de toda su vida. Aun así el futuro de la iglesia depende de los jóvenes que crecen en tiempos tan peligrosos. Para combatir esos peligros, Pablo instruye a Tito y a los jóvenes a cultivar ciertas cualidades piadosas.

Prudente

Pablo le dice a Tito: "Exhorta asimismo a los jóvenes a que sean prudentes; presentándote tú en todo como ejemplo de buenas obras…" (vv. 6-7). Ya se ha señalado que Pablo usa esta característica de los ancianos, hombres de edad y de las mujeres jóvenes. Los hombres jóvenes necesitan desarrollar autocontrol y equilibrio, discernimiento y juicio (vea 2 Ti. 2:22; 1 P. 5:5). La frase "en todo" en Tito 2:7 encaja mejor al final del versículo 6, porque extiende este asunto de equilibrio mental y autocontrol en la vida cristiana a un nivel casi infinito. Los hombres jóvenes, tan potencialmente volátiles, impulsivos, apasionados, arrogantes y ambiciosos, necesitan convertirse en amos sobre cada área de la vida de cada uno de ellos.

Ejemplo de buenas obras

Pablo se vuelve de los hombres jóvenes en general a animar a Tito a "ser ejemplo de buenas obras". Una de las cualidades más importantes de un líder es el ejemplo que ofrece. Pablo quiere que Tito sea, en primer lugar, un modelo de "buenas obras". Eso se refiere a su justicia inherente, nobleza, y excelencia moral. Un hombre joven piadoso debe ser un modelo de justicia en todo lo que hace. Jóvenes, comenzarán a controlar la vida de ustedes cuando comprendan que Dios quiere que estén comprometidos a producir justicia, es decir, obras santas.

Motivos puros

"...en la enseñanza mostrando integridad" (v. 7). Es así como Dios quiere que esas obras se lleven a cabo. Una mejor manera de traducir el vocablo griego "sin corrupción". Tanto Tito como los hombres jóvenes deben vivir en perfecta armonía con la sana doctrina y sin defecto. Los jóvenes deben conocer la Palabra de Dios y vivir de acuerdo con ella. El Salmo 119:9 dice: ¿Con qué limpiará el joven su camino? Con guardar tu palabra", "Vivir en obediencia a la Palabra de Dios hará que los jóvenes permanezcan en el camino recto".

Vivir con dignidad

Al final de Tito 2:7, Pablo añade que Tito y los hombres jóvenes deben vivir con dignidad y "seriedad", una característica que también debe ser verdad de hombres y mujeres diáconos y de los hombres de edad. Eso significa que los hombres jóvenes deben ser siervos. Los jóvenes suelen ser algo frívolos, particularmente en nuestra cultura donde el entretenimiento se ha convertido en una pasión consumidora. Aunque eso no significa que los jóvenes no deben disfrutar la vida, deben tener una comprensión madura de la vida, la muerte, el tiempo y la eternidad.

Irreprochable en lo que dice

Finalmente Pablo anima Tito a: "Ser sano e irreprochable en palabra". Como se ha señalado antes, "sano" significa "saludable" o "sin dolencia". Con referencia a las palabras que uno habla, Pablo escribió: "Sea vuestra palabra siempre con gracia, sazonada con sal, para que sepáis cómo debéis responder a cada uno" (Col. 4:6). Jóvenes, permitan que lo que digan sea digno de ser dicho. Asegúrense que edifica a las personas que los escuchan hasta el punto de ser "irreprochables", que la única acusación que se haga en contra de lo que digan sea vergonzosa a la luz de la razón.

Salomón ofrece a los jóvenes una conclusión bien pensada y adecuada para esta discusión de los hombres jóvenes: "Alégrate, joven, en tu juventud, y tome placer tu corazón en los días de tu adolescencia; y anda en los caminos de tu corazón y en la vista de tus ojos; pero sabe, que sobre todas estas cosas te juzgará Dios. Quita, pues, de tu corazón el enojo y aparta de tu carne el mal; porque la adolescencia y la juventud son vanidad" (Ec. 11:9-10). Aunque no hay nada malo con el gozar la juventud, un día todos compareceremos delante de Dios para rendir cuentas de lo que hayamos hecho en esos días. De modo que Salomón estimula a ustedes los jóvenes a gozar su juventud, pero asegurándose de que eliminan cualquier cosa de la vida de ustedes que produzca culpa y tristeza. ¿Cómo se hace eso? Acordándose "de tu Creador en los días de tu juventud" (Ec. 12:11). En la edad avanzada podrán disfrutar los maravillosos recuerdos de una juventud bien invertida.

El servicio a Cristo es una maravillosa oportunidad que todos lo que formamos parte de la familia de Dios tenemos el privilegio de disfrutar. Solo en la medida en la que procuramos vivir una vida santa nuestro servicio tendrá alguna influencia en la salud de la iglesia o en nuestro mundo perdido.

Capítulo 9

Por la causa del reino

Durante la Segunda Guerra Mundial, los misioneros Herb y Ruth Clingen y su pequeño hijo pasaron tres años en un campo de prisión japonés en las Filipinas. En su diario, Herb escribió que sus captores asesinaron, torturaron y mataron de hambre a muchos de sus compañeros de prisión. El comandante de la prisión, Konishi, era odiado y temido. Herb escribe:

> Konishi encontró una ingeniosa idea de abusar de nosotros aún más. *Aumentó* la ración de alimento pero nos daba *palay*, arroz sin limpiar. Comer el arroz con su filosa cáscara causaba una hemorragia intestinal que nos mataría en cuestión de horas. No teníamos herramientas para remover la cáscara, y realizar esa labor manualmente, golpeando el grano o usando un pedazo pesado de madera, consumía más calorías de la que el arroz suplía. Era una sentencia de muerte para todos los reclusos (Herb y Ruth Clingen, "Song of Deliverance", *Masterpiece* ["Canto de liberación", Obra fundamental] [primavera de 1989], 12).

Antes de que la muerte reclamara la vida de cada uno de ellos, el general Douglas MacArthur y sus fuerzas lo liberaron del cautiverio. Ese mismo día Konishi se preparaba para matar al resto de los prisioneros. Años después Herb y Ruth "supieron que Konishi había sido encontrado trabajando como jardinero en un campo de golf en Manila. Fue juzgado por sus crímenes de guerra y ahorcado. Antes de su ejecución hizo profesión de convertirse al cristianismo, diciendo que había sido profundamente afectado por el testimonio de los misioneros que había perseguido" ("Song of Deliverance" ["Canto de liberación"], 13).

Esa maravillosa historia ilustra el por qué Dios quiere que su pueblo viva vidas santas. Vivir en justicia da credibilidad al mensaje del evangelio que transmitimos. No tenemos manera de saber a quién Dios ha de redimir o quién puede estar contemplando intensamente cómo vivimos. Pero podemos estar seguros de que nadie será atraído al Señor si nuestra vida no se diferencia de la de ellos.

Es por eso que me preocupa tanto cuando la iglesia adopta ideas mundanas. Como mencioné en el capítulo uno, la iglesia corre el peligro de seguir el camino del mundo cuando se trata de la función de hombres y mujeres. Sucumbir a ese tipo de compromiso no solo pisotea el diseño específico de Dios, sino que también arruina nuestra oportunidad para ofrecer una alternativa a los que están insatisfechos con los criterios del mundo.

A pesar de los esfuerzos de los feministas evangélicos de permanecer tan bíblicamente motivados como ellos afirman estar, su apoyo de las posiciones de liderazgo para mujeres en la iglesia realmente socava la Palabra de Dios y lo Él quiere realizar a través de ellos. Pueden ganarse los halagos de los feministas seculares por derribar los modelos "tradicionales" establecidos en la Iglesia a través de los siglos, pero fracasan donde de verdad cuenta: Guiar a almas no regeneradas a la salvación que hay en Cristo. La recomendación humana puede alimentar nuestro orgullo, pero mata de hambre a nuestra humildad y nos aparta de guiar a los pecadores al arrepentimiento.

Vidas santas y justas son la espina dorsal del evangelio que predicamos. Ninguna de las torturas aplicadas por Konishi pudo derribar la fe y el compromiso de Herb y Ruth Clingen, y sus testimonios permanecieron con él, guiándolo a abrazar a su Dios. Konishi vio la realidad de la fe de ellos cuando de verdad contaba, cuando fue puesta a prueba.

El apóstol Pablo comprendió eso. En medio de una sociedad pagana que hizo todo lo que pudo para perseguir a los cristianos y desacreditar su fe, continuó animando a los fieles. Y ese es el trasfondo con el que escribió sus epístolas. Desafortunadamente la urgencia de sus exhortaciones con frecuencia se nos pierde en la medida en que vivimos en un país que todavía es en gran parte tolerante del cristianismo.

Hasta con el deterioro continuo de los valores piadosos en este país, las palabras de Pablo son tan críticas hoy como nunca antes. A lo largo de los últimos capítulos hemos examinado las cualidades de carácter que caracterizan vidas santas en todos los hijos de Dios, ya sean hombres o mujeres, jóvenes o viejos, casados o solteros, líderes o siervos. Sus mandamientos dejan pocas dudas de las demandas de vivir en santidad. Y estamos sumamente conscientes de que si las obedecemos, Dios bendecirá nuestra vida. Pero ese no era el propósito de Pablo, porque tenía un objetivo más urgente todavía.

En medio de las instrucciones de Pablo para Tito con respecto a los diferentes géneros y edades en la iglesia, dio tres razones para vivir vidas santas, y estas no tienen nada que ver con la manera cómo nos beneficiamos. Tan importante como es saber que vivir una vida virtuosa me beneficiará y animará a hermanos en Cristo, más apremiante aún es qué significará para los inconversos.

Para honrar la Palabra de Dios

Después de dar instrucciones a Tito con respecto a los hombres, las mujeres de edad y las mujeres jóvenes, Pablo dice que deben comportarse de tal manera "que la palabra de Dios no sea blasfemada" (Tit. 2:5). La palabra griega traducida "blasfemada" es el presente subjuntivo, voz pasiva de *blaspheiméo* que significa "hablar impíamente" o "difamar". No podemos permitir que los inconversos se burlen, ignoren o rechacen totalmente la Palabra de Dios. Pero la manera cómo vivimos afectará directamente la actitud de las personas hacia las Escrituras.

No importa cuál sea la etapa de la vida de cada uno de ellos, los hombres y mujeres cristianos que no son lo que debían ser le darán a los inconversos razones para que blasfemen la Palabra de Dios. El mundo no nos juzga por nuestra teología; nos juzga por nuestro comportamiento. La validez de las Escrituras a la vista del mundo se determina por la manera como nos afecta. Si los inconversos ven que nuestra vida es verdaderamente transformada, separada y diferente del mundo, podrían concluir que las Escrituras son verdaderas, poderosas y transformadoras de vidas.

La credibilidad del evangelio cristiano está inseparablemente unida a la integridad de la vida de quienes lo proclaman. Es por ello que es tan devastador cuando bien conocidos evangelistas o líderes cristianos son sorprendidos en algún pecado grave o en inmoralidad. ¿Cómo cree que los inconversos reaccionan cuando ven tal hipocresía? Se ríen de ello, blasfemando así la Palabra de Dios y arruinan cualquier oportunidad que existía de decirles con respecto a su poder para transformar vidas. El impacto de la vida de hombres y mujeres que llevan el nombre del Señor es vital para la credibilidad de la fe y la efectividad del testimonio personal y de la predicación.

Dios llamó a Israel para que diera testimonio de Él entre las naciones del mundo para que estas glorificaran su nombre. Pero Israel fracasó y "el nombre de Dios es blasfemado entre los gentiles por causa de vosotros [judíos]" (Ro. 2:24). Las naciones atribuían el pecado de Israel a la influencia y a la impotencia de su Dios y así difamaban de Dios. Es por eso que Jesús dijo: "Así alumbre vuestra luz delante de los hombres, para que vean vuestras obras buenas, y glorifiquen a vuestro Padre que está en los cielos" (Mt. 5:16). Usted es el único evangelio que los inconversos ven, y usted lo hace creíble o increíble.

En el entorno de las instrucciones de Pablo a Timoteo con respecto a las cualificaciones para los ancianos y los diáconos, reiteró la importancia de la responsabilidad de la iglesia por la Palabra de Dios: "Para que si tardo, sepas como debes conducirte en la casa de Dios, que es la iglesia del Dios viviente, columna y valuarte de la verdad" (1 Ti. 3:15).

La figura de la iglesia como el pilar y apoyo de la verdad de Dios no habría pasado por desapercibida para Timoteo. El templo de la diosa Diana, una de las siete maravillas del mundo antiguo, estaba en Éfeso, y una de sus características era sus muchos pilares. Tal como el fundamento y los pilares del templo de Diana eran testimonio del error de la falsa religión pagana, así la iglesia debe ser un testimonio a la verdad de Dios. Esa es su misión y la razón de su existencia.

"La verdad" es la que ha sido revelada mediante el evangelio, el contenido de la fe cristiana. Dios nos ha dado su verdad como un tesoro sagrado para su propia gloria y para el bien de los hombres, y tenemos que guardarla como nuestra más preciosa posesión. Las iglesias que abandonan la verdad destruyen su única razón de existir y da a los incrédulos causa para blasfemar a Dios. Eso es lo que básicamente está en juego por la manera como vivimos.

Para silenciar la oposición

La segunda razón que Pablo ofrece para vivir vidas santas nos pone en el centro de lo que quiere comunicar: "De modo que el adversario se avergüence" (Tit. 2:8). El vocablo griego "avergüence" literalmente significa "sonrojarse", enfatizando la rotunda vergüenza de los oponentes por carecer de una crítica justa. A los adversarios del cristianismo les gusta regocijarse cuando los cristianos causan un escándalo. ¿No le parece que algunos de los incrédulos en su círculo de influencia disfrutarían viéndolo fracasar estrepitosamente para poder justificar su incredulidad? No quieren ver que Dios transforma la vida de usted, eso resultaría en una enfática refutación de su pecaminoso estilo de vida. Pero eso es exactamente lo que quiere hacer, quiere avergonzarlos cuando lo critican porque no hay nada para que ellos le critiquen justificadamente.

La cuestión es el evangelismo. La estrategia adecuada para nuestra evangelización no es metodológica. Alcanzamos al mundos a través de personificar la virtud, la piedad, la santidad y una pureza de vida que hace creíble tanto nuestra fe como la Palabra de Dios.

El apóstol Pedro comprendió la manera cómo los creyentes hacen impacto en un mundo pagano. Escribió: "Amados, yo os ruego como a extranjeros y peregrinos, que os abstengáis de los deseos carnales que batallan contra el alma, manteniendo buena vuestra manera de vivir entre los gentiles; para que en lo que murmuran de vosotros como de malhechores, glorifiquen a Dios en el día de la visitación, al considerar vuestras buenas obras" (1 P. 2:11-12).

"El día de la visitación" se refiere a una visita de Dios. En el Antiguo Testamento, Dios visitó al hombre por dos razones: bendición o juicio. La bendición era con frecuencia alguna forma de liberación nacional de la opresión (vea Gn. 50:24; Jer. 27:22). En el Nuevo Testamento, sin embargo, una visita de Dios se refiere específicamente a la redención o salvación (vea Lc. 1:68). ¿Ve cuán apremiante es que vivamos una vida piadosa? Queremos que los inconversos nos examinen. Inicialmente vienen a criticar, pero si nuestro comportamiento es excelente, la crítica de algunos puede convertirse en curiosidad. Y si esa curiosidad se vuelve en conversión, glorificarán a Dios a causa de su salvación. Lleva a las personas a la credibilidad del cristianismo y a la postre a la conversión mediante la virtud de su vida. Por lo tanto, aléjese de los deseos carnales y mantenga un excelente comportamiento.

Para hacer atractivo el evangelio

Pablo expresa su tercera razón para vivir en santidad en Tito 2:10, "...para que en todo adornen la doctrina de Dios nuestro Salvador". "Adornen" proviene del vocablo griego *kosméo* y se refiere a hacer algo hermoso.

¿Cuál es nuestro mensaje primordial a este mundo acerca de Dios? ¿Queremos que el mundo sepa que Dios es Omnipotente? ¿Omnisciente? ¿Omnipresente? ¿Inmutable? ¿Soberano? ¿Eterno? ¿El Creador y sustentador del universo? Sí, lo queremos. Pero con mucho el principal atributo de Dios que deseamos que el inconverso entienda es que Él es el Salvador.

Pero ¿cómo llegaremos a hacer que las buenas nuevas de Dios como Salvador sean hermosas en cada aspecto si no nos parecemos a alguien que ha sido salvo? Si le hablo de un gran restaurante en el que he estado comiendo durante quince años y que comeré allí hasta que muera, y unos días después me diagnostican una enfermedad mortal causada por envenenamiento de alimentos, seguro que cuestionaría la conveniencia de comer en ese lugar. Recomendar algo que no tiene un impacto positivo en mi vida es fútil. La única manera en la que puedo hacer el mensaje del evangelio hermoso o deseable es demostrar que he sido salvo. Pero, ¿salvo de qué?

El hecho de que debemos de hacer el evangelio atractivo a los incrédulos presupone que ellos encuentran su vida poco atractiva. Pero, ¿qué hace que los inconversos sean conscientes de que tienen algo malo en ellos? Pablo identifica esas fuentes cuando escribió a los efesios:

> "…andad como hijos de luz (porque el fruto del Espíritu es toda bondad, justicia y verdad), comprobando lo que es agradable al Señor. Y no participéis en las obras infructuosas de las tinieblas, sino más bien reprendedlas; porque vergonzoso es aun hablar de lo que ellos hacen en secreto. Mas todas las cosas, cuando son puestas en evidencia por la luz, son hechas manifiestas; porque la luz es lo que manifiesta todo" (Ef. 5:8-13).

Las frases clave aquí son "reprendedlas" y "todas las cosas, cuando son puestas en evidencia por la luz, son hechas manifiestas". Ignorar el mal es motivarlo; guardar silencio con respecto a este es promoverlo. El vocablo griego traducido "poner en evidencia" transmite la idea de reprender, corregir, castigar o disciplinar.

Algunas veces tal exposición y represión será directa y otras veces indirecta, pero siempre debe ser inmediata frente a cualquier cosa que sea pecaminosa. Cuando vivimos en obediencia a Dios, eso en sí mismo será un testimonio contra el mal. Cuando los que nos rodean nos ven ayudando en vez de explotando, nos oyen hablar con pureza en vez de obscenidad, y nos observan hablando verdad en lugar de engañar, nuestro ejemplo será una represión del egoísmo, hablar malsano y falsedad. Sencillamente rehusar participar en un negocio o prácticas sociales deshonestas a veces constituirán tal represión que podría costarnos el puesto de trabajo o una amistad. La deshonestidad es terriblemente incómoda en la presencia de la honestidad, incluso cuando no hay oposición verbal directa o de otra índole.

Con frecuencia, por supuesto, una represión pública es necesaria. Dejar de hablar en contra del mal y prácticamente no oponerse a cosas inicuas es no obedecer a Dios. Los creyentes debemos denunciarlas de cualquier manera legítima y bíblica que sea necesaria.

Desdichadamente, muchos cristianos a penas son capaces de mantener en orden su propia casa espiritual y moral, ni poseen el discernimiento, ni la inclinación ni el poder para confrontar el mal en la iglesia ni en la sociedad en general. Ese es el por qué de la urgencia de que seamos maduros respecto de la verdad bíblica y la obediencia, santidad y amor, que la proyección natural de nuestra vida sea denunciar, reprender y ofrecer remedio para toda clase de iniquidad.

Hacer atractiva la salvación es un elevado llamamiento, pero fracasaremos en ese esfuerzo a menos que podamos demostrar que en verdad hemos sido librados del pecado. Reprender el pecado de otros sin que vaya acompañado de un estilo de vida de justicia es la más grande hipocresía. Pero vidas que se caracterizan por la pureza, el poder y el gozo reflejan el orden, la belleza y el poder de servir a Dios. Cuando hacemos la salvación hermosa, hacemos a Dios atractivo. Para convencer a un hombre de que Dios puede salvar necesito mostrarle a un hombre que Él ha salvado. Para convencer a un hombre de que Dios puede dar esperanza necesito mostrarle a un hombre con esperanza. Para convencer a un hombre de que Dios puede dar paz, gozo y amor necesito mostrarle a un hombre con paz, gozo y amor. Para convencer a un hombre de que Dios puede dar completa, total y última satisfacción, necesito mostrarle un hombre satisfecho. Cuando el mundo contempla a personas que son santas, justas, pacíficas, gozosas y satisfechas, ve la evidencia del poder transformador de Dios.

En juego está el destino eterno de almas redimidas. Los cristianos que viven impíamente conducen a los incrédulos a difamar a Dios. Los que viven en santidad los conducen a glorificar a Dios. El tema central de vivir en santidad es el evangelismo. Una iglesia poderosa no está edificada sobre sus estrategias, sino en la virtud y santidad de su pueblo. Lo que creemos está atado a cómo vivimos y como vivimos está directamente enlazado con la efectividad de nuestra proclamación del evangelio.

Los hombres y las mujeres son distintos por diseño de Dios, y el propósito final de ese diseño exhibe la belleza y el orden inherente en la creación de Dios. Hacer cualquier cosa menor que mantener su orden es traer reproche a su nombre. Si continuamos como iglesia hasta caer víctima de la trama satánica del movimiento feminista, estamos permitiendo que Satanás destruya la prioridad, la pureza y la integridad de la iglesia. Estamos permitiéndole que eche por tierra la Palabra de Dios y la derribe de su sublime posición. Damos a nuestros adversarios razones para que nos critiquen. Y ayudamos a Satanás a cegar "el entendimiento de los incrédulos para que no les resplandezca la luz del evangelio de la gloria de Cristo, el cual es la imagen de Dios" (2 Co. 4:4). Es por eso que es apremiante, por causa del reino, que "seáis irreprensibles y sencillos, hijos de Dios sin mancha en medio de una generación maligna y perversa, en medio de la cual resplandecéis como luminares en el mundo" (Fil. 2:15).

GUÍA PARA EL ESTUDIO PERSONAL Y EN GRUPO

Antes de comenzar el estudio personal o en grupo de *Distintos por diseño,* tome tiempo para leer estos comentarios iniciales.

Si está haciendo el estudio a nivel personal, tal vez prefiera adaptar ciertas secciones (por ejemplo, los rompehielos), y registrar sus respuestas a todas las preguntas en un cuaderno aparte. Podría encontrarlo más enriquecedor o motivador estudiar con un compañero o compañera con quien pueda comentar las respuestas o las ideas.

Si dirige un grupo, puede pedirle a los miembros del grupo leer cada capítulo asignado y desarrollar las preguntas de estudio antes de que el grupo se reúna. Eso no es siempre fácil para adultos con ocupación, de modo que usted debe animarlos con llamadas por teléfono ocasionales o notas entre reuniones. Ayude a los miembros a administrar el tiempo, sugiriéndoles que señalen un tiempo correcto del día o de la semana que puedan dedicar al estudio. También ellos podrían escribir sus respuestas a las preguntas en un cuaderno. *Para ayudar a mantener al grupo de discusión centrado en el material de Distintos por diseño, es importante que cada miembro tenga su propia copia del libro.*

Note que cada sesión incluye las siguientes características:

Tema del capítulo: Una breve declaración que resume el capítulo.

Para comenzar: Una actividad para ayudar a cada miembro a familiarizarse mejor con el tema de la sesión o unos con otros.

Preguntas para la investigación en grupo: Una lista de preguntas para estimular al descubrimiento personal o a la participación del grupo.

Preguntas de aplicación personal: Una ayuda para aplicar el conocimiento obtenido a través del estudio a la vida personal de uno. (Nota: Estas son preguntas importantes para que los miembros del grupo las contesten por sí mismos, incluso si no quieren dar a conocer sus respuestas en la reunión.)

Céntrese en la oración Sugerencias para cambiar lo que se ha aprendido en tema de oración.

Tareas: Actividades o preparación para completar antes de la próxima sesión.

He aquí algunas pistas que pueden ayudarlo a usted para dirigir un pequeño grupo de estudio:

Ore por cada miembro del grupo, pidiendo al Señor que lo ayude a crear una atmósfera abierta donde cada uno se sienta libre de hablar con otros y con usted.

Anime a los miembros del grupo a traer la Biblia así como también el libro de texto a cada sesión. Esta guía está basada en la Reina-Valera 1960, pero es bueno tener varias traducciones a mano con el propósito de comparación.

Comience y termine a tiempo. Esto es especialmente importante para la primera reunión porque establecerá el patrón para el resto de las sesiones.

Empiece con una oración, pidiendo al Espíritu Santo que abra la mente y el corazón de cada uno de los participantes y que dé entendimiento para que la verdad sea aplicada.

Dé participación a cada uno. Como estudiantes, retenemos solo el diez por ciento de lo que oímos; el veinte por ciento de lo que vemos; el sesenta y cinco por ciento de lo que oímos y vemos; pero el noventa por ciento de lo que oímos, vemos y hacemos.

Fomente un ambiente cómodo. Ordene las sillas en un círculo o semicírculo. Esto permite que los participantes se miren a los ojos y estimula las conversaciones dinámicas. Relájese en su propia actitud y comportamiento. Debe estar dispuesto a hablar de su propia vida.

1

De la creación a la corrupción

Tema del capítulo: El perfecto diseño de Dios para hombres y mujeres, que estableció por creación, incluye sus diferencias funcionales. Todo eso se corrompió por el pecado y por Satanás. Aunque a través de Cristo hombres y mujeres pueden vivir según el diseño de Dios, Satanás trata de corromper la obra de Cristo tanto en el matrimonio como en la iglesia.

Para comenzar (escoga uno)

1.   Enumere varias maneras en las que personalmente ha visto la influencia del movimiento feminista en su iglesia. ¿Cómo han alterado el modelo bíblico para las funciones de los hombres y las mujeres?

2.   El primer pecado detalla el cambio total de los papeles de la función del hombre y de la mujer. Si es mujer, relate un incidente donde haya usurpado la posición de liderazgo del hombre. Si es hombre, describa una situación cuando ha permitido a una mujer usurpar una función de liderazgo específica que usted mantenía. ¿Cuáles fueron las consecuencias?

Preguntas para la investigación en grupo

1.   ¿Qué clase de daño ha causado el movimiento feminista tanto en la sociedad como en la iglesia?

2.   ¿De qué maneras Adán y Eva tenían una perfecta relación antes de la entrada del pecado en el mundo?

3.   Describa los pecados específicos que Adán y Eva cometieron en la caída.

4.   ¿De qué manera la maldición afectó a los elementos más básicos de la vida?

5.   ¿Qué parte de la sociedad Satanás ataca específicamente? ¿Por qué?

6.   ¿De qué maneras el gnosticismo tuerce el relato bíblico de la creación?

7.   ¿Cuál es la meta de la teología de la Nueva Era?

Preguntas de aplicación personal

1.   Los cristianos de hoy tienden a comprometer las enseñanzas y los criterios bíblicos. Presionados por el movimiento feminista, algunos cristianos han reinterpretado las enseñanzas de la Biblia sobre el papel de las mujeres. Otros han reinterpretado los primeros capítulos del Génesis en un intento inútil por armonizar el relato bíblico de la creación con la falsa ciencia de la evolución. Hay quienes insisten en que la Biblia no enseña todos los principios necesarios para enfrentar los problemas de la vida. La fe que ha sido "una vez dada a los Santos" (Jud. 3) con frecuencia se ha convertido en algo semejante a una veleta, cambiando cada vez que el viento sopla. ¿Cuál es la fuente de autoridad final en su vida? Cuando se enfrenta con un conflicto entre la enseñanza bíblica y una idea contemporánea, ¿qué hace? ¿Está dispuesto a tomar una postura a favor de la Palabra de Dios? Estudie el Salmo 119:7-11 para que vea cómo Dios describe su Palabra, y determina sostenerla.

2.   Lea Mateo 4:1-11. ¿Cómo respondió Jesús cuando Satanás lo tentó? Basado en el modelo de Jesús, ¿qué debió de haber hecho Eva cuando Satanás la tentó? ¿Cómo se enfrenta usted a la tentación? ¿Sigue el modelo de Eva o el de Jesús? La manera más eficaz de confrontar cualquier tentación es responder bíblicamente. Pero eso presupone que sabe lo que la Palabra de Dios enseña. De modo que es apremiante que sature su mente con la Palabra de Dios para que pueda resistir la tentación.

Céntrese en la oración

Pídela a Dios que abra su mente a las instrucciones de su Palabra que están contenidas en este libro. Mientras estudia el resto de los capítulos, pídale a Dios que refuerce las verdades que ya conoce y que confirme en su corazón las verdades de las que no estaba conciente hasta ahora. Pídale que le dé oportunidades para aplicarlas.

Tarea

Haga una lista de aquellas personas que ejercen algún tipo de autoridad sobre usted. Podrían ser miembros de su familia, compañero en un negocio, o hasta alguien desconocido. Luego haga una lista de aquellos sobre quienes ejerce algún tipo de autoridad. Al lado de cada nombre en esas listas, escriba una palabra que describe la facilidad o la dificultad de la relación. En otras palabras ¿surge con facilidad su autoridad o su sumisión, viene con dificultad moderada, o es simplemente imposible?

2

El argumento a favor de la autoridad y la sumisión

Tema del capítulo: Una de las muchas preguntas que el apóstol Pablo confrontó de parte de la iglesia en Corintio tenía que ver con la sumisión de las mujeres. Primera Corintios 11:3-6 es la declaración nítida de Pablo sobre el principio bíblico de autoridad y sumisión.

Para comenzar:

1. ¿Cuáles son algunas de las maneras cómo las mujeres manifiestan independencia en nuestra cultura? ¿Cuáles son algunas de las maneras cómo los hombres abusan sus posiciones de autoridad, específicamente respecto de la mujer? ¿Cuánta independencia cree usted que es justa para la mujer? Por favor explique su razonamiento.

2. El apóstol Pablo menciona un ejemplo culturalmente relevante para ayudar a explicar el principio de autoridad y sumisión. Si él viviera hoy día y mirara a nuestra cultura en busca de ejemplo, ¿qué escogería? ¿Cómo usaría ese ejemplo para enseñar el principio de autoridad y sumisión?

Preguntas para la investigación en grupo

1. ¿Cómo eran las condiciones para las mujeres en los días de Pablo? ¿Por qué el feminismo ha ganado en popularidad?

2. Explique el principio de sumisión. ¿Cómo se manifiesta en la sociedad?

3. ¿Cómo han intentado los feministas evangélicos redefinir el significado de "cabeza" en 1 Corintios 11:3?

4. ¿Por qué es vital un claro entendimiento de Gálatas 3:28 para cualquier discusión del principio de autoridad y sumisión? ¿Qué enseña el pasaje acerca de los hombres y las mujeres?

5. ¿De qué manera elevó el cristianismo a las mujeres a una posición que no habían conocido previamente?

6. ¿Cuáles son las tres manifestaciones de autoridad y sumisión descritas por Pablo? (1 Co. 11:3).

7. ¿Cuándo y dónde es apropiado que las mujeres oren o proclamen la Palabra de Dios?

8. En la iglesia en Corinto ¿qué comunicaba la esposa al usar una cubierta para su cabeza? ¿Qué revelaba una mujer cuando dejaba de cubrir su cabeza?

9. ¿De qué manera son los hombres y las mujeres iguales? ¿De qué manera son diferentes?

10. ¿De qué maneras la naturaleza da testimonio de las diferencias entre hombres y mujeres?

Preguntas de aplicación personal

1. Cuando examinamos el principio de autoridad y sumisión, es fácil para nosotros centrarnos en nuestra relación humana y olvidarnos de nuestra relación con Cristo. No podemos permitir que la declaración de Pablo de que "Cristo es la cabeza de todo hombre" pase inadvertida. Puesto que toda autoridad en el cielo y en la tierra ha sido dada a Cristo, ¿cuál debe ser su respuesta a la Palabra de Dios? ¿Obedece todos sus mandamientos o solo aquellos que coinciden con los deseos de usted? Recuerde, Cristo es su Señor y Él exige *completa* obediencia.

2. ¿Cómo responde a las personas que ejercen autoridad sobre usted que saben menos que usted dentro de su esfera de influencia particular? ¿Sigue su liderazgo gustosamente o se irritas bajo su autoridad? Basado en lo que usted ha aprendido, ¿cuál debía ser su respuesta adecuada y por qué?

Céntrese en la oración

Si al presente tiene problemas para someterse a alguien en autoridad sobre usted, confiéselo a Dios. Pídale que le muestre maneras en las que puede ser positivo y capaz de dar ánimo a la persona en cuestión. Comience a orar por él o ella, dándose cuenta de que la responsabilidad lleva sus propias cargas.

Tareas

Para la próxima semana escriba una lista de las diferentes maneras cómo el matrimonio es representado en nuestra sociedad, ya sea a través de anuncios, los medios de comunicación o experiencia personal. Observe cuántos mandamientos o modelos bíblicos son violados. ¿Cuál de ellas se acerca más al ideal de Dios y por qué?

3

El matrimonio tal como fue diseñado

Tema del capítulo: A pesar de la maldición sobre el matrimonio a causa de la caída, hombres y mujeres pueden experimentar un matrimonio pleno en Cristo siguiendo el modelo bíblico y el ejemplo del amor de Cristo por la Iglesia.

Para comenzar

1.   ¿De qué maneras piensa usted que el matrimonio ha cambiado en los últimos veinte o treinta años? ¿Cómo cree que la perspectiva del matrimonio que la sociedad tiene ha influido en el desarrollo de un matrimonio cristiano típico hoy?

2.   ¿Cómo definiría el matrimonio perfecto? ¿Qué debería contribuir el esposo? ¿Qué debería contribuir la esposa? Aún con sus contribuciones, ¿qué debe estar presente antes de que el matrimonio pueda llegar a completarse?

Preguntas para la investigación en grupo

¿Qué debe caracterizar la sumisión de una esposa a su esposo? ¿qué debe caracterizar el trato de un esposo a su esposa?

1   ¿A quién realmente nos sometemos cuando nos ponemos bajo aquellos que tienen autoridad sobre nosotros?

2   ¿A quién debe mirar un esposo cuando quiere saber cómo debe tratar a su esposa?

3   ¿Qué ventaja tienen los hombres cristianos en su amor por la esposa de cada uno de ellos que no tienen los inconversos?

4   ¿De qué maneras es el amor de Dios diferente del concepto de amor del mundo?

5   ¿Cuál debe ser la meta del amor del esposo para su esposa?

6   ¿Cómo deben los esposos cuidar de sus esposas?

7   ¿Cuáles son algunas barreras para los matrimonios exitosos?

Preguntas de aplicación personal

1.   ¿Qué está modelando sus expectativas para el matrimonio: Las fan-

tasías del mundo o las realidades de Dios? Siéntese con su cónyuge o prometido y enumere las expectativas que el uno tiene para el otro. Luego, determine cuál de ellas tiene un fundamento bíblico. De esa manera puede resolver conflictos potenciales antes de que comiencen. Céntrese en lo que pueda dar a su cónyuge en vez de en lo que pueda sacar. Al hacer eso ayudará a prevenir a que cualquier expectación caiga en el vacío.

2. Hombres, si aman a una mujer, deben hacer todo lo que está en su poder para preservar su pureza. ¿Alguna vez la animan a que comprometa sus valores espirituales o morales? ¿Qué están haciendo para atraerla más cerca de Dios y hacer que su vida más virtuosa? Reconociendo su preocupación natural por su propio cuerpo y el hecho de que es el templo del Espíritu Santo, asegúrense de que cuidan de su esposa con al menos la misma cantidad de celo.

Céntrese en la oración

Con la magnitud de las presiones del mundo tales como son, las parejas cristianas tienen que hacer de Cristo el centro de su relación. Como pareja, asegúrense de que ambos separan tiempo juntos cada día para acudir a la presencia del Señor, para orar el uno por el otro y por sus necesidades tanto espirituales, emocionales y físicas. Incluso cuando no estén juntos, asegúrese que ora por su cónyuge y por las preocupaciones de ese día. Encontrará que la relación de ustedes se hará más profunda y más fuerte cada día.

Tarea

¿Cuáles son las prioridades espirituales, físicas y económicas de su familia? Si tuviera que eliminar una o más ocupaciones, ¿cuál de ellas eliminaría? ¿Cuánto de lo que hace tiene un enfoque bíblico? ¿Es algo de lo que está haciendo claramente prohibido por la Palabra de Dios? Durante la próxima semana piense con detenimiento sobre estas cuestiones, pidiéndole a Dios que le de sabiduría respecto de cualquier decisión difícil que necesita tomar.

4

La esposa excelente en el trabajo

Tema del capítulo: A pesar de lo que la sociedad afirma, la Biblia claramente enseña que las mujeres deben ser "trabajadoras en el hogar" para que puedan cumplir el diseño de Dios para ellas y sus familias.

Para comenzar

1. Si es una trabajadora en el hogar ¿cómo caracteriza a los que afirman que usted está escondiendo su potencial al no procurar una carrera o algún trabajo fuera del hogar?

2. Muchas parejas cristianas comprometidas con el modelo bíblico para la familia sufren dificultades económicas. ¿Cuáles son algunas avenidas que podrías seguir y que podrían generar una entrada adicional y a la vez permitir que la esposa fuera una "trabajadora en el hogar"?

Preguntas para investigación en grupo

1. ¿Qué acontecimientos ayudaron a crear en Norteamérica un medio favorable para el crecimiento de la familia tradicional?

2. ¿Qué factores condujeron a la caída de la familia tradicional de los años 50?

3. ¿Qué se esperaba de las esposas en el siglo primero?

4. Explique por qué la responsabilidad de la mujer es el hogar.

5. Mencione algunos de los problemas que confrontan las familias cuando la esposa sale a trabajar fuera del hogar.

6. ¿Cuál debe ser la preocupación dominante en cualquier plan en el que la esposa trabaje fuera de casa?

7. ¿Qué características deben buscar los esposos en la esposa de cada uno de ellos?

8. Describa el amor desinteresado de la mujer en Proverbios 31 hacia su esposo.

9. ¿Qué clase se capacidades para negocios una esposa debe combinar si desea moldear su vida según la mujer de Proverbios 31?

10. ¿Qué actividades de la mujer de Proverbios 31 revelan su motivación y autodisciplina?

11. ¿Cuál fue el legado de la mujer en Proverbios 31?

Preguntas de aplicación personal

1. Si usted es una madre que trabaja fuera del hogar, piense por qué está trabajando. Cuando termina de descontar los impuestos, el costo del cuidado del niño, el vestido, y los gastos de desplazamiento, ¿qué entrada adicional en realidad está aportando usted? Dedica tiempo con su esposo para evaluar con honestidad las circunstancias presentes. ¿Hay sacrificios que ambos podrían hacer o algún otro medio por el cual podrían permanecer en casa y aún así contribuir a las necesidades financieras de la familia?

2. Si es una madre que se queda en casa con los niños, ¿está aprovechando esa oportunidad para moldear la vida de cada uno de sus hijos para que vivan piadosamente? O ¿gasta su tiempo infructuosamente con programas de televisión que podrían estar derribando los mismos principios que está intentando inculcar en la vida de su familia? Asegúrese que cada día tiene una contribución espiritual de modo que sus hijos comiencen a ver la vida desde la perspectiva de Dios. Prepárelos para la influencia de la sociedad secular enseñándoles valores piadosos. (Pr. 22:6; 2 Ti. 3:15).

Céntrese en la oración

Cualquier cosa que decida hacer con respecto al cuadro financiero de su familia debe ir saturado de oración. Pídale a Dios que aclare en su corazón la sabiduría de su Palabra respecto de ese asunto. Permita que Él le guíe en esas decisiones vitales.

Tarea

Medite como familia en Colosenses 3:12-21, usando esos versículos como guía para un tiempo devocional juntos. Determine qué cualidades mencionadas en el pasaje están ausentes o son débiles en su familia. Comenten unos a otros las actitudes y las acciones equivocadas que cada uno ha estado mostrando. Después de haber escogido un área en la que necesita concentrarse, oren los unos por los otros para que cada uno sea fortalecido para vivir la calidad de vida que glorifica Cristo.

5

Un lugar diferente
en el plan de Dios

Tema del capitulo: El ideal de Dios para el matrimonio es ajeno a muchas personas en la iglesia. Pero Dios nos ha dejado con el estímulo y la instrucción de su Palabra.

Para comenzar:

1.   Los cristianos que están casados con inconversos confrontan una vida difícil con la que pocos de nosotros tenemos algo en común. Si está casado con un inconverso, ¿cómo exterioriza su fe? Si conoce a alguien que está en esa situación, ¿qué hace para ofrecerle ánimo?

2.   Las viudas, las divorciadas y las personas solteras con frecuencia son ignoradas en muchas iglesias. Si es usted uno de ellos ¿cómo maneja esa clase de trato? ¿Desea secretamente que pudiera tener un estado civil diferente? ¿Por qué?

Preguntas para investigación en grupo

1.   ¿Qué aconseja Pablo que un cristiano casado con un inconverso no haga?

2.   ¿Cómo puede un creyente santificar un hogar?

3.   ¿Cuáles son algunas de las cosas que una esposa cristiana puede hacer que contribuya a llevar a su esposo incrédulo a Cristo?

4.   ¿Cuáles son algunas de las cosas que un esposo cristiano puede hacer que contribuya a llevar a su esposa incrédula a confiar en Cristo?

5.   ¿Quién calificaría como viuda en el sentido bíblico?

6.   ¿Cómo puede la iglesia decidir cuáles viudas deben recibir ayuda financiera?

7.   ¿Quién tiene la responsabilidad primaria de cuidar de las viudas?

8.   ¿Qué cualidades deben sobresalir en esas viudas que desean servir la iglesia en una capacidad oficial?

9.   ¿Cómo debe la iglesia estimular a las viudas jóvenes?

10.   Describa el don de soltería de la manera en que lo explicó Pablo.

11.   ¿Qué pueden hacer las personas solteras para controlar sus deseos si no tienen el don de soltería?

12.   ¿Cuáles son algunas de las ventajas de permanecer soltero?

Preguntas de aplicación personal

1.   La esposa debe ser sumisa, fiel y modesta hacia su esposo; y el esposo debe mostrar consideración, cortesía y compañerismo hacia su esposa. Conteste las siguientes preguntas prácticas como una manera de medir esas virtudes en su vida:

- ¿Es usted fiel para mantener su vida espiritual a través del estudio bíblico, la oración, la asistencia regular a la iglesia, y la comunión con el pueblo de Dios?
- ¿Pide perdón cuando ha hecho algo incorrecto?
- ¿Acepta críticas constructivas con humildad?
- ¿Hace demandas exageradas de su cónyuge, esperando demasiado de él o ella?
- ¿Tolera usted que su cónyuge se equivoque sin condenarlo o condenarla?
- ¿Se centra en lo que aprecias de su cónyuge o tiende a encontrar faltas en él o ella?
- Cuando está en desacuerdo con su cónyuge, ¿busca respuestas bíblicas para el problema en vez de explotar emocionalmente o de atacar verbalmente a su cónyuge?
- ¿Es alguien que escucha con atención cuando su cónyuge trata de explicarle algo?

Si ha descubierto algún problema en su vida personal, procura hacer las correcciones necesarias en oración. Para ayudarlo en su resolución busca el consejo y rinde cuentas a un amigo piadoso quien es un amigo del esposo o amiga de la esposa.

2.   ¿Tiene su iglesia un ministerio para las viudas? ¿Está cumpliendo su responsabilidad bíblica de cuidar de las mujeres piadosas en su medio que no tienen ningún medio de apoyo económico? Si no lo tiene, ¿le gustaría a usted ser instrumento para orar con su pastor con respecto a ese ministerio y ayudar a iniciarlo? Como una medida preventiva en contra de sobrecargar la iglesia, considera tener asesor un financiero o un consejero en temas de impuestos para que presente un seminario a los miembros de su iglesia respecto de cómo pueden prepararse para la muerte prematura del que sostiene la familia y para sus años de jubilación.

3.   El apóstol Pablo estaba convencido de que, debido a los conflictos con el sistema mundial, los creyentes solteros debían considerar seriamente la posibilidad de permanecer como estaban ¿Está usted al presente luchando con su soltería? Si lo está, ¿estará dispuesto a considerar seriamente el consejo de Pablo?

Pídale a Dios que confirme en su corazón si Él preferiría que usted sea soltero o casado.

Céntrese en la oración

Considera en oración los versículos siguientes y permite que Dios le de una conciencia de las necesidades de otros y un creciente deseo de ayudarlos:

* Romanos 13:8: "No debáis a nadie nada, sino el amaros unos a otros; porque el que ama al prójimo, ha cumplido la ley".
* Gálatas 5:14: "Porque toda la ley en esta sola palabra se cumple: Amarás a tu prójimo como a ti mismo".
* 1 Juan 3:11, 16-17: "Porque este es el mensaje que habéis oído desde el principio: Que nos amemos unos a otros... En esto hemos conocido el amor, en que él puso su vida por nosotros; también nosotros debemos poner nuestras vidas por los hermanos".

Tarea

La verdadera religión implica "visitar las viudas en sus tribulaciones" (Stg. 1:27). Visitar tiene que ver con cuidar a las mujeres necesitadas y a sus hijos, y tribulaciones se refiere a cualquier cosa que pesa o presiona al espíritu. Actos prácticos de amor pueden ayudar a aliviar sus presiones y cargas. Ayudarlas en los quehaceres de la casa o llevarlas con usted en los viajes son maneras simples pero importantes de levantarlas. Haga una lista de las maneras en las que usted puede servir. Entonces comience a poner en acción el contenido de la lista.

6

Los hombres que dirigen la iglesia

Tema del capítulo: Aunque las mujeres tienen oportunidades singulares para servir en la iglesia, Dios ha llamado específicamente a los hombres para proveer la autoridad y liderazgo de la iglesia.

Para comenzar

1.   Suponga que usted va a un estudio bíblico donde hay tanto hombres como mujeres y encuentra que una mujer regularmente dirige el tiempo de oración. ¿Cómo respondería? ¿Qué opinión se formaría con respecto al liderazgo del estudio bíblico?

2.   ¿Ha tenido alguna vez algún desacuerdo con alguien en el liderazgo de la iglesia? ¿Cómo fue resuelto el desacuerdo finalmente? ¿Qué impresiones positivas o negativas dicha situación dejó en usted?

Preguntas para investigación en grupo

1.   ¿Quién tiene la responsabilidad especial de ofrecer oraciones públicas por los perdidos?

2.   ¿Con qué debemos ofrecer nuestras oraciones?

3.   ¿Por qué es el carácter de un líder más importante que su aptitud?

4.   ¿Cuál es el requisito universal, fundamental de todos los líderes de Dios? ¿Por qué es tan importante?

5.   Explique la frase "marido de una sola mujer". ¿Por qué es ese un requisito importante para un líder de la iglesia?

6.   ¿Por qué es la sobriedad incluida en la lista de cualificaciones para los líderes de la iglesia?

7.   ¿Cuáles son los criterios que hay que seguir para separar al hombre que es apto para enseñar la Palabra de Dios?

8.   ¿Cómo puede el amor al dinero corromper el ministerio de un hombre?

9.   ¿Dónde debe un líder de la iglesia comenzar a demostrar su liderazgo espiritual? ¿Por qué?

10.   ¿Por qué Pablo advierte contra el poner a un recién convertido en una posición de liderazgo?

11.   ¿Cómo debe ser visto un líder de la iglesia por la comunidad no creyente?

Preguntas para la aplicación personal

1.   El liderazgo de la iglesia es una tarea sagrada que requiere el nivel más alto de credibilidad y madurez espiritual. Tristemente, hay quienes lo buscan por razones incorrectas, tal como el dinero, seguridad laboral o prestigio. Si usted está en una posición de liderazgo espiritual ¿cuáles son sus motivos? Lea 1 Pedro 5:2-4. ¿Cuál es el motivo convincente para cualquiera que procure el liderazgo en la casa de Dios? Asegúrese de que guarda sus motivos cuidadosamente.

2.   La credibilidad es la clave para la enseñanza eficaz, su vida tiene que modelar su lección. Eso es verdad aún si usted no es un predicador o un maestro en el sentido formal. Todos enseñamos algo a los que nos observan, y con frecuencia aprenden más de nuestras acciones que de nuestras palabras. ¿Qué está enseñando a quienes observan su vida? ¿Están aprendiendo santidad o hipocresía?

Céntrese en la oración

Cultivar una mente disciplinada requiere que constantemente la someta a lo que es bueno. ¿En qué cosas medita usted? ¿Deben de eliminarse algunas de esas cosas? Si es así, pídale a Dios que lo ayude a ser más disciplinado en su modo de pensar mientras aprende a concentrarse en lo que es verdadero, honorable, recto, puro, amable, de buen hombre, excelente y digno de alabanza.

Tarea

Tal vez usted ha estado pensando en si ha sido llamado al ministerio. Si es así, ahora es el tiempo de evaluar honestamente su vida a la luz de las cualificaciones bíblicas. Al concluir su evaluación, pídale a su pastor o a otros líderes en su iglesia que también lo evalúen. Pueden confirmar o cuestionar su preparación para ese papel. Cualquiera que sea su respuesta, pídales que sigan animándolo, guiando su entrenamiento y a pedirle cuentas.

7

El elevado llamado de Dios a la mujer

Tema del capítulo: Hay dos pasajes de las Escrituras, 1 Timoteo 2:11-15 y 1 Corintios 14:33-35, que son contundentes respecto de las limitaciones de la función de la mujer en la iglesia. Esos pasajes no son un intento de Pablo de confinar a la mujer en un nivel de segunda categoría; son, más bien, una afirmación del perfecto diseño de Dios.

Para comenzar

1. ¿Cómo caracterizaría usted la manera como se viste cuando va a la iglesia: conservadora, contemporánea, liberal u ostentosa? ¿Caracterizarían otros su vestido de la misma manera o diferente? ¿Qué clase de vestido piensa que honra más a Dios?

2. Si es mujer ¿piensa que Dios la ha bendecido con el don de la enseñanza o el liderazgo? Si es así, ¿cómo está usando esos dones? ¿Supone que su enseñanza o liderazgo ejerce autoridad sobre hombres en algún ministerio de la iglesia? ¿Cómo reconcilia eso con 1 Timoteo 2:11-15 y 1 Corintios 14:33-35?

Preguntas para investigación en grupo

1. ¿Cómo intentan algunas personas refutar la confiabilidad de 1 Timoteo 2:9-15 y 1 Corintios 14:33-35?

2. ¿Por qué es inapropiado que las mujeres usen ropa cara y elaborada, y joyas en al iglesia? ¿Qué deben usar en su lugar?

3. ¿Qué debe caracterizar la manera como una mujer se acerca a la adoración?

4. Según 1 Timoteo 2:11, ¿qué papel deben desempeñar las mujeres durante el culto de adoración? ¿Cómo se diferencia la instrucción de Pablo de la práctica aceptada por aquellos que procedían de un trasfondo judío?

5. Según el Antiguo Testamento, ¿de qué maneras eran las mujeres iguales a los hombres? ¿Qué funciones no compartían con los hombres?

6.   ¿De qué manera el Nuevo Testamento apoya la enseñanza del Antiguo Testamento respecto del papel de la mujer?

7.   ¿Qué vocablo caracteriza mejor el papel de la mujer como discípula?

8.   ¿Qué concretamente Pablo prohíbe que las mujeres hagan en el ambiente del culto de adoración o cualquier otro ministerio que implique a los hombres?

9.   ¿Qué instrucción similar dio Pablo a los corintios? (1 Co. 14:33-35).

10.   ¿Cuáles son algunas circunstancias apropiadas cuando las mujeres pueden proclamar la verdad de Dios?

11.   ¿De qué manera usa Pablo las circunstancias que tuvieron lugar en la caída para corroborar las diferentes funciones para hombres y mujeres que Dios estableció en el orden de la creación?

12.   ¿Cuál es la oportunidad más grande de la mujer para influir en la sociedad? Explíquelo.

13.   ¿Cuáles son algunas maneras en las que las mujeres pueden usar sus dones espirituales y aún así cumplir la enseñanza de 1 Timoteo 2:11-15?

Preguntas de aplicación personal

1.   ¿Qué quiso decir Pablo cuando dijo que las mujeres debían guardar silencio en la iglesia? ¿Se refería eso solo a las mujeres de Corinto en la iglesia de esa ciudad? Explíquelo. ¿Cómo puede eso aplicarse a la tendencia de mujeres en el púlpito hoy? ¿Debe una mujer espiritualmente madura y dotada en la enseñanza asumir las funciones de predicar en una iglesia donde no hay un hombre disponible para hacer el trabajo? ¿Cómo deben las mujeres dotadas en la enseñanza ejercer sus dones?

2.   Algunas mujeres en las iglesias de Éfeso y de Corinto estaban más preocupadas con sus derechos que con sus responsabilidades tanto hacia Dios como hacia la iglesia. ¿Qué de usted? ¿Es su mayor preocupación recibir o dar? ¿Qué hace con mayor frecuencia, demandar sus derechos o cumplir sus responsabilidades? Recuerde que Jesús "no vino para ser servido, sino para servir" (Mt. 20:28). Si su centro de atención ha cambiado gradualmente de ministrar a las necesidades de otros a ocuparse de sus propios derechos, puede ayudar a llevarlo a su sitio memorizando Filipenses 2:3-4.

Céntrese en la oración

La iglesia en Éfeso había sido influenciada por la postura prevaleciente en la sociedad respecto de las mujeres. Lo mismo podría decirse de la iglesia de hoy. En esta como en otras áreas, la iglesia ha sido influenciada por el mundo en vez de ser una influencia en el mundo. ¿Son sus puntos de vista respecto de cuestiones actuales moldeadas por las opiniones existentes en la sociedad o por la Palabra de Dios? Quizá necesite repensar su posición sobre temas tales como la función de la mujer, el aborto, el homosexualismo, la creación y la evolución. La responsabilidad del cristiano hacia el gobierno, los pleitos judiciales, el divorcio y las segundas nupcias. Invierta algún tiempo en oración y pídale a Dios que le dé el valor para tomar una postura sobre estas cuestiones basado en la Palabra de Dios, sin importar lo que la sociedad diga. Luego ore para que la Iglesia como un todo tome una postura firme por la verdad de Dios.

Tarea

Las mujeres pueden (en circunstancias correctas) proclamar la verdad de Dios. ¿Procura usted regularmente tener oportunidades para dar a conocer las verdades de las Escrituras con sus amigos? ¿Con sus vecinos? ¿Con su cónyuge? ¿Con sus hijos? Para dar a conocer las verdades de la Biblia primero tenemos que conocerlas personalmente. Eso exige un estudio constante. Si no está estudiando las Escrituras regularmente, prométale al Señor que comenzará de inmediato y hágalo.

8

El carácter del servicio

Tema del capítulo: Aunque no muchos hombres están hechos para el liderazgo en la iglesia, es la responsabilidad de todos los creyentes servir el Cuerpo de Cristo. Pueden hacerlo tanto de manera oficial como extraoficial. Primera Timoteo 3:8-13 y Tito 2:1-8 precisan las características que deben ejemplificar todos los creyentes que desean servir.

Para comenzar

1.   ¿Qué pensamientos y percepciones generalmente asocia usted con el vocablo diácono? ¿Considera a un diácono más como un líder que como un siervo? ¿Por qué?

2.   ¿Cuál considera usted que es una buena edad para dejar de servir a otros? ¿A qué edad debe comenzar a servir a otros? ¿Qué ha aprendido de las personas mayores? ¿Qué ha aprendido de los cristianos jóvenes?

Preguntas para investigación en grupo

1.   ¿Qué le sucede a la iglesia cuando los creyentes no sirven con las capacidades singulares que Dios les ha dado?

2.   ¿Cuáles son los tres niveles de servicio explicitados en la Biblia?

3.   ¿De qué manera los diáconos específicamente asisten a los ancianos?

4.   ¿Qué cualidades deben ser verdad del carácter personal de un diácono? Explique cada una de ellas.

5.   Por necesidad, ¿cuál es el fundamento del carácter espiritual de un diácono?

6.   ¿Qué cualidad esencial en los ancianos se extiende también para caracterizar a los diáconos?

7.   ¿Qué factores indican que Pablo estableció un ministerio aparte para las mujeres diáconos?

8.   ¿Qué galardones esperan a los que sirven bien como diáconos?

9.   ¿Qué características y virtudes deben ser manifestadas por los hombres de edad en la iglesia? ¿De qué manera su experiencia de años resalta esas cualidades?

10. ¿En qué deben ocuparse las mujeres de edad en la iglesia? ¿Por qué es ese ministerio tan vital?

11. ¿Qué deben enseñar las mujeres de edad a las jóvenes? (Tito 2: 4-5). Explique cada una de esas cosas.

12. ¿Qué clase de peligros confrontan los jóvenes cristianos en nuestra sociedad?

13. ¿Qué cualidades piadosas deben cultivar los hombres jóvenes?

Preguntas de aplicación personal

1. Repase las cualidades personales del carácter de un diácono. ¿Cómo se clasificaría a usted mismo en cada una de esas cosas? ¿Qué clase de cambios necesita hacer para ser conocido como justo en esas áreas? Haga un autoexamen serio. Al hacerlo, comprenda que el resultado de su examen mantiene mayor significado que simplemente la posibilidad de un futuro papel como diácono. Significa que tendrá una mayor capacidad para glorificar a Dios.

2. ¿Hasta que grado está activamente usando sus dones para servir en la iglesia? Si es un creyente de años, ¿está invirtiendo su vida en alguien que pueda obtener sabiduría práctica de su experiencia? Si es un creyente joven, ¿está practicando el rendir cuentas a alguien mayor para que pueda armarlo contra las tentaciones de la juventud?

Céntrese en la oración

Quizá ha estado inseguro con respecto a si debe llevar a cabo una oportunidad de ministerio que le ha aparecido. O podría estar en la búsqueda de un ministerio en el cual servir. Si no lo ha hecho ya, comience a buscar la guía de Dios. Pídale que le muestre con claridad dónde podría servir. Algunas veces el mejor lugar para comenzar es donde usted sabe que hay necesidades. Podría descubrir que, a medida que sirve en lugares de necesidad, ha encontrado el lugar exacto donde Dios quiere que usted esté.

Tarea

Según Hechos 6:3, la congregación debía buscar hombres que fueran "de buen testimonio, llenos del Espíritu Santo y de sabiduría". Hechos 6:5 menciona que Esteban era "lleno de fe". Esas características identificaron a siete hombres de integridad. ¿Podría usted ser caracterizado como una persona de integridad? En una escala de 1-10, ¿cómo se clasificaría? ¿En cuál de ellas es más débil? Propóngase como meta esta semana mejorar su andar cristiano en esa área. Por ejemplo, si es más débil en su fe, busque el vocablo "fe" en una concordancia y realice un estudio personal de ese tema. O, podría hacer una lista de todas las veces que Dios ha sido fiel en bendecir su vida; a su vez, eso aumentará su fe en Él.

9

Por la causa del reino

Tema del capítulo: Vidas santas y justas son la columna vertebral de la proclamación del evangelio. Es por eso que es imperativo que los cristianos vivamos de tal manera que hagamos que los inconversos investiguen las afirmaciones del cristianismo.

Para comenzar

¿Cuál considera usted que es su medio más eficaz para evangelizar? ¿Encuentra que es más fácil hablarle de Cristo a alguien a quien no conoce o a un amigo o familiar? ¿Qué piensa que dicen acerca de usted esos inconversos cuando no está a su alrededor?

Preguntas para investigación en grupo

1. ¿Por qué quiere Dios que sus hijos vivan una vida santa?
2. ¿De qué maneras podemos causar deshonra a la Palabra de Dios?
3. ¿Por qué los inconversos no quieren ser confrontados por personas cuya vida ha sido transformada por Cristo?
4. ¿Cuál debe ser nuestro mensaje central al mundo acerca de Dios? ¿Por qué?
5. Antes de que los incrédulos puedan ser atraídos al evangelio, ¿qué deben saber con respecto a su propia vida?
6. ¿Qué estamos haciendo a la postre si permitimos que Satanás tenga rienda suelta para impulsar su agenda feminista dentro de la iglesia?

Preguntas de aplicación personal

Antes de su ascensión al cielo, Jesús mandó a sus discípulos a "ir y hacer discípulos de todas las naciones" (Mt. 28:19). Al hacerlo, estableció el evangelio como la principal prioridad de la Iglesia. Pero muchos creyentes actúan como si la responsabilidad para evangelizar perteneciera al pastor o a la comisión de evangelismo de la iglesia. ¿Qué de usted? ¿Se preocupa usted de la condición de los perdidos? ¿Cuándo fue la última vez que le habló a un inconverso acerca de Cristo? ¿Está orando al presente por la salvación de alguien? Cultiva relaciones con inconversos, y aprovecha toda oportunidad para hablarles del Señor.

Céntrese en la oración

Si evangelizar ha sido difícil para usted, pídale a Dios que le dé amor por los perdidos. Si ya lo está haciendo, comience a orar por la salvación de alguien. Pídale a Dios que le dé oportunidades para presentar el evangelio. Y pídale que lo ayude a vivir de tal manera que haga que los inconversos sientan curiosidad acerca de Cristo.

Tarea

La meta de este libro ha sido presentarle a usted una clara visión de la voluntad de Dios, tanto general como específica, para su vida. ¿Qué nuevo entendimiento ha obtenido? ¿Qué nuevas verdades ha aprendido? Ahora necesita comenzar a aplicarlas a su vida. También, cuando tenga la oportunidad, asegúrese que sostiene la Palabra de Dios en medio de la sociedad perversa en la que vivimos.

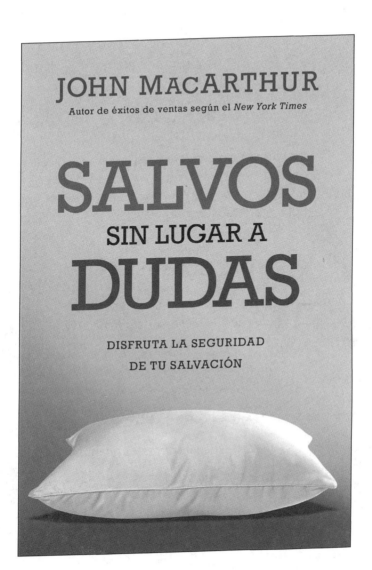

JOHN MACARTHUR

Autor de éxitos de ventas según el *New York Times*

SALVOS
SIN LUGAR A
DUDAS

DISFRUTA LA SEGURIDAD
DE TU SALVACIÓN

Todos los creyentes han luchado con estas preguntas en algún momento de su vida. *Salvos sin lugar a dudas* trata este tema difícil, examinando las Escrituras para descubrir la verdad sobre la salvación, y a la vez analizando cuestiones difíciles que pueden obstaculizar nuestra fe. Los lectores podrán desarrollar una teología de la salvación basada en la Biblia, y ser alentados a descansar de forma segura en su relación personal con Cristo.

EDITORIAL
PORTAVOZ

NUESTRA VISIÓN

Maximizar el efecto de recursos cristianos de calidad que transforman vidas.

NUESTRA MISIÓN

Desarrollar y distribuir productos de calidad —con integridad y excelencia—, desde una perspectiva bíblica y confiable, que animen a las personas a conocer y servir a Jesucristo.

NUESTROS VALORES

Nuestros valores se encuentran fundamentados en la Biblia, fuente de toda verdad para hoy y para siempre. Nosotros ponemos en práctica estas verdades bíblicas como fundamento para las decisiones, normas y productos de nuestra compañía.

Valoramos la excelencia y la calidad
Valoramos la integridad y la confianza
Valoramos el mérito y la dignidad de los individuos y las relaciones
Valoramos el servicio
Valoramos la administración de los recursos

Para más información acerca de nuestra editorial y los productos que publicamos visite nuestra página en la red: www.portavoz.com